Piero Maroncelli

Carteggio dall'esilio

(1831-1844)

A cura di

Cristina Contilli

Lulu.com

3101 Hillsborough Street

Raleigh, NC 27607

USA

Printed in 2015 (seconda ristampa con l'aggiunta di nuove lettere)

Seconda edizione con l'aggiunta di un'appendice dedicata agli autografi di Piero Maroncelli in circolazione sul mercato antiquario.

Immagini dell'800 libere dal copyright tratte da internet, foto di lettere e documenti d'epoca scattate dalla curatrice.

**Un ritratto giovanile di Piero Maroncelli
tratto da:**

Introduzione

"Godo che abbiano avuto il nobile pensiero di fare quell'edizione a profitto del mio amatissimo compagno Maroncelli, uomo veramente degno della loro bontà. Io ho vissuto molti anni infelici con questo amico, e l'ho sempre trovato cordiale. "(Silvio Pellico ad Andrew Norton che nel 1836 aveva pubblicato negli Stati Uniti una nuova traduzione inglese de Le mie prigioni)

"During his twelve years'imprisonment, *Maroncelli* composed a number of poetical works, some of which were committed to paper, others lost for the want of it. In this country he has published a volume entitled "Additions to the Memoirs of Silvio Pellico," containing numerous anecdotes of the captivity not recorded in Pellico's work, and an "Essay on the Classic and Romantic Schools," the author proposing to divide them anew and designate them by novel distinctions. There is at least some scholarship and some originality in this essay. It is also brief. Maroncelli regards it as the best of his compositions. It is strongly tinctured with transcendentalism. The volume contains, likewise, some poems, of which the "Psalm of Life" and the "Psalm of the Dawn" have never been translated into English. "Winds of the Wakened Spring," one of the pieces included, has been happily rendered by Mr. Halleck, and is the most favourable specimen that could have been selected. These "Additions" accompanied a Boston version of "My Prisons, by Silvio Pellico."
Maroncelli is now about fifty years old, and bears on his person the marks of long suffering; he has lost a leg; his

hair and beard became gray many years ago; just now he is suffering from severe illness, and from this it can scarcely be expected that he will recover.
In figure he is short and slight. His forehead is rather low, but broad. His eyes are light blue and weak. The nose and mouth are large. His features in general have all the Italian mobility; their expression is animated and full of intelligence. He speaks hurriedly and gesticulates to excess. He is irritable, frank, generous, chivalrous, warmly attached to his friends, and expecting from them equal devotion. His love of country is unbounded, and he is quite enthusiastic in his endeavours to circulate in America the literature of Italy." (Edgar Allan Poe)[1]

I nomi di Silvio Pellico e Piero Maroncelli sono legati fin dall'800 sia nella storiografia sia nella retorica sui martiri del Risorgimento, era inevitabile quindi che, occupandomi di Silvio Pellico e del suo epistolario, mi trovassi nel pieno del suo scambio di lettere, ma anche di sentimenti e di idee con quello che è stato uno dei suoi migliori amici.
Diversi per formazione culturale e temperamento Maroncelli e Pellico si erano conosciuti a Milano nel 1819 e, dopo aver diviso le sofferenze del carcere, resteranno sempre uniti, nonostante le differenti idee politiche e religiose, maturate nel corso degli anni successivi alla liberazione dallo Spielberg.
Nel corso delle mie ricerche mi sono accorta, però, di una lacuna, a differenza di altri corrispondenti del Pellico (da

---

[1]   Testo tratto da:
     http://en.wikisource.org/wiki/The_Literati_of_New_York/No._II/P iero_Maroncelli

Foscolo a Confalonieri, da Borsieri a Montani, da Arrivabene a Di Breme) che hanno avuto una o più edizioni delle loro lettere non esiste nessuna edizione delle lettere di Piero Maroncelli che sono state finora pubblicate in ordine sparso in riviste, biografie e atti di convegni.

Ho pensato dunque che poteva essere utile per gli studiosi del periodo risorgimentale avere a disposizione un'edizione di questo tipo e, avendo curato l'edizione delle lettere scritte dal Pellico dopo la liberazione dal carcere, ho pensato di seguire lo stesso periodo nella vita di Maroncelli, partendo dai primi mesi a Parigi fino al soggiorno statunitense.

Maroncelli è morto a New York nel 1846, ma negli ultimi anni della sua vita a causa del peggioramento delle condizioni di salute probabilmente non ha scritto più lettere e quindi la mia edizione si ferma al 1844.

Nota della curatrice

Le lettere riprodotte in questo volume sono state rintracciate in riviste, biografie e atti di convegni.

Quando è stato possibile sono state verificate sugli autografi, in particolare le lettere indirizzate dal Pellico al Maroncelli sono state tutte trascritte dagli autografi conservati nel fondo Maroncelli della Biblioteca Comunale di Forlì e tranne le lettere del 18 luglio 1840 e del 23 ottobre 1842 sono già state pubblicate in Silvio Pellico, *Lettere agli ex compagni di carcere*, London, Lulu.com, 2010.

La lettera ad Amalia Schneider fidanzata di Maroncelli, ma non ancora sua moglie, priva di data, ma databile alla primavera del 1833, è conservata nella Biblioteca Comunale di Forlì (fondo Maroncelli).

Pur avendo cercato di raccogliere tutte le lettere di Maroncelli che sono riuscita a rintracciare sono consapevole del fatto che essendo pubblicate in ordine sparso potrei aver realizzato un lavoro non del tutto completo quindi sono a disposizione di chi mi vorrà segnalare ulteriore materiale in modo da rendere il più completo e utile per gli studiosi di storia del Risorgimento questo volume.

Un grazie va alla dott. ssa Flavia Bugani della Biblioteca Comunale di Forlì per il materiale inviatomi nel lontano 2007 che all'epoca per motivi personali misi da parte pensando che dopo la fine del dottorato non avrei più avuto molte occasioni di occuparmi di Piero Maroncelli e che invece dopo cinque anni mi è servito per questa pubblicazione.

**Piero Maroncelli in una litografia
(in cui viene definito patriota, cospiratore e martire):**

e in una foto scattata negli anni '40 dell'800 a New York:

Immagini tratte da:

http://vilmes.altervista.org/vilmesjoomla/index.php/prosa/347-
la-redazione/1157-150-anni-unita-ditalia?start=1

PIERO MARONCELLI A CARLO PEPOLI

Parigi, 24 febbraio 1831[2]

Mio dolce amico,
Due sole parole per ricordarmi al tuo cuore. Tu non ài bisogno ch'io ti dica quale sia il mio, in questa circostanza. Neppure ài bisogno ch'io ti dia consigli. Solo dirò che il voto unanime qui di tutti i buoni italiani e di quegli egregi francesi che s'interessano alla libertà di tutte le nazioni è che siate uni e indipendenti, e che per esser tali, vuolsi energia. Tu mi capisci. Ninno più di me ama la moderazione, ma a tempo. Ninno più di me riconosce che i lumi e la persuasione valgono spesso più d'un fucile, ma a tempo. Siate quali dovete, per meritare il titolo d'Italiani. Un'assistenza nobile, un'assistenza da fratelli e non da Padroni, vi sarà prestata, dalla Francia, checché suonino le parole di Sebastiani.[3] Credimi intanto pieno di stima e d'affetto.

---

[2]   *Signor conte Carlo Pepoli*
    Autografo nella Biblioteca Comunale di Forlì. Pubblicata in *Rassegna storica del Risorgimento* del 1915, pp. 639-640.
[3]   Nel febbraio del 1831 siamo nel pieno della rivoluzione e Maroncelli probabilmente dall'atmosfera politica che si respirava in quel momento a Parigi aveva immaginato come molti altri esuli italiani che la Francia del re liberale Luigi Filippo sarebbe intervenuta a favore degli insorti italiani contro l'Austria, cosa che invece purtroppo non avvenne. Horace Sebastiani qui citato da Maroncelli era il ministro degli Affari Esteri dell'epoca. La fiducia di Maroncelli in un esito positivo della rivoluzione del 1831 nello Stato Pontificio nonostante i dieci anni trascorsi in carcere è un segno della profondità delle sue convinzioni, anche se nello stesso tempo

Il tuo P. Maroncelli

PIERO MARONCELLI AL DIRETTORE
DELLA RIVISTA "LE TEMPS"

[Parigi, 3 marzo 1831][4]

Monsieur,
Puisque je n' ai pu empêcher les journaux des'occuper de moi,
je me voi force, pour éviter toute inexactitude, d'écrire moi-
meme l' histoire des souffrances des prisonniers d' état du
Spielberg.
Vous étes tombe dans une erreur en copiant l'article du
Courrìer francais du 28 février, relatif à mon ami le comte
Gonfalonieri: ni lui ni aucun de nous n' avons jamais regu la
bastonade.
La vérité est le devoir de tout honnéte homme, et la vérité du
Spielberg est si grande chose, qu'elle doit étre présentée tout
nue.
J' espère, Monsieur, de votre impartialité, que vous voudrez
bien insérer ma reclamation dans votre prochaine numero,
Agréez etc. PIERO MaRONCELLI[5]

---

questo breve lettera a Pepoli ha qualcosa di ingenuo perché la lettera
sarebbe potuta facilmente finire nelle mani della polizia e causargli guai
ulteriori.
[4]   Pubblicata in A. SORBELLI, *Il primo abbozzo della mia prigionia di*
Spielberg di Piero Maroncelli, Bologna, Zanichelli, 1922, p. 5.

SILVIO PELLICO A PIERO MARONCELLI

Torino, 11 dicembre [1831]

Mio caro Piero
tu mi hai scritto una lettera sì amorevole e sì piena di cuore,
che mi è sembrato di rivivere teco, e di seguirti nelle tue nuove
sventure - le quali sento come se fossero mie - e nelle
consolazioni che ti vengono date dagli egregi fra cui ti trovi, e
primamente da quella nobilissima anima di Pauline.[6] Oh
infelice mio Piero! Aver tanto patito in carcere, uscirne sì
miseramente mutilato, e poi, quando null'altro bramavi, se non
passare il resto della tua povera vita a conforto della Madre e

---

[5]   Traduzione: "Signore, Non potendo impedire che i giornali si
occupino di me, per evitare ogni inesattezza, mi vedo forzato a scrivere io
stesso la storia delle sofferenze dei prigionieri di stato allo Spielberg. Voi
siete caduto in un errore copiando l'articolo del Courier Français del 28
febbraio relativo al mio amico il conte Confalonieri né lui né nessun altro
di noi ha mai ricevuto la bastonata. La verità è il dovere di ogni uomo
onesto e la verità sullo Spielberg è una cosa così grande che deve essere
presentata tutta nuda. Io spero, Signore, nella vostra imparzialità, che voi
vorrete ben inserire la mia rettifica nel vostro prossimo numero."
     Allo Spielberg quindi Pellico e compagni non vennero bastonati,
ma non sappiamo se ciò avvenne durante il processo visto che risulta dagli
atti che il giudice Salvotti aveva chiesto la perizia medica per Pellico,
Maroncelli e altri inquisiti per sapere se potevano reggere il digiuno e le
bastonate che il codice austriaco prevedeva.
[6]   Pauline Andryane, cognata di Alexandre Andryane, compagno di
cella allo Spielberg di Federico Confalonieri. (A. VANNUCCI, *I martiri della
libertà italiana*, cit. , pp. 152-154).

degli altri carissimi della famiglia, dover partire per terra lontana e neanche vederli! Questo pensiero mi affligge con una forza che non so dirti. Quei viaggi e quelle aspettative e quelle incertezze e la crudele ricordanza di una Madre adorata, di sorelle, di nipoti, lasciati nella desolazione, tutto ciò mi si presenta alla memoria di continuo e mi tormenta. E' l'unica tua colpa era d'essere infelice, d'essere quell'infelice che sei! Per sopportare tante angosce e non soccombere, ci voleva un animo come il tuo. Sieno grazie a Dio che te lo diede! L'esercizio che sei obbligato di farne, non lo indebolisca, anzi lo fortifichi. La tua precedente lettera, mandatami per la Posta con un caro viglietto di Porro[7], mi giunse; ma non posso, non debbo prevalermi d'un mezzo ch'è sempre incerto. Aspettava quindi un'occasione, e ciò indugiò sinora la risposta. Scrivimi anche tu per occasione: in fine della lettera ti darò il mio indirizzo. - Non so se tu possa farti un'idea de' riguardi ch'io son costretto di serbare, affine di rendere evidente l'innocuità della mia condotta. Quel poco di riputazione che ho, m'è piuttosto svantaggiosa che utile. Si bada troppo a me da amici e da nemici, è l'unica via di far cessare le ciarle e le invenzioni e le ipotesi, si è di vivere una vita tutta di casa e senza manifesta corrispondenza epistolare. Non consentire, amico mio, che le lettere che ti scrivo, vengano stampate; né esse potrebbero meritare quest'onore, né ciò accadrebbe senza questi due effetti: uno, che i maligni direbbero *plagas* di me, ben intendendo che non le stamperesti senza il consenso mio, - l'altro che non ti scriverei più come al mio caro Piero, ma come ad un pubblico rappresentato dal tuo nome. Circa la

---

[7]   Il conte milanese Luigi Porro di cui Silvio Pellico era stato segretario e precettore dei due figli, Giacomo e Giulio.

13

lettera che andò perduta, non evvi alcun male. Se vivo, te ne risarcirò.

Siccome avvennero tante miserande cose negli Stati Pontifici ed altrove, ho creduto di chiedere alle tre egregie donne Sacrati, Sacchi e Gabrielli[8], per intendere se debba loro spedire le cinquanta copie delle mie *Opere inedite*. Intanto t'ho spedito subito, cioè addì 7 maggio corrente, le copie che mi dimandasti, ed anzi, l'imballatore avendo portato una cassa alquanto più capace del bisogno, invece di 100 copie ne ho poste 144. Di ciò riceverai minuto avviso da una mia lettera che ti mando per la posta, come eccezione alla regola. Il porto è stato da me pagato. - qui i due volumi si vendono sei lire - tre lire il volume. Puoi darlo allo stesso prezzo a Parigi. Per ora non pubblico altro.

Egregiamente facesti, poiché avesti campo di parlare al re, - di supplicarlo d'intervenzione a favore degl'infelici nostri compagni di Spielberg. Parmi che ciò almeno possa essere utile al nostro Alessandro. Io sperava che per lui e per qualche altro, splendesse ora qualche grazia in occasione del matrimonio del principe ereditario. Non una! Dicesi che la principessa sposa sia gravida. Al suo parto forse è riserbato il produrre la salute d'alcuno di quegli sventurati. Dio lo voglia. - io sono troppo fuori dal centro, per giudicare se que' valentuomini che ti consigliano di pubblicare una relazione sui martiri dello Spielberg, abbiano ragione, opinando essere nocivo a' nostri compagni il tuo silenzio, e poter essere loro utile l'effetto di quella relazione che ti domandano. Temo che la loro opinione

---

[8]   La nobile romana Carlotta Gabrielli che il Pellico aveva conosciuto attraverso Piero Maroncelli.(ALLASON, *La vita di Silvio Pellico*, cit. , p. 297).

14

muova dal non considerare abbastanza l'esasperamento attuale del governo austriaco. Quando Lafayette[9] era a Olmutz, non si sarebbe osato di trattarlo da galeotto. Ora che l'odio è giunto fino a questo segno, mi sembra poco sperabile che le grida de' liberali di Francia a vituperio dell'Austria, relativamente alle vittime dello Spielberg, non irritino sempre più i sacrificatori. -

---

[9]   A proposito del generale Lafayette ho rintracciato sul mercato antiquario questa sua interessante missiva: **LAFAYETTE, Marie Jos. Gilbert Motier,** marquis de (1757-1834) Général, héros de la guerre d'Indépendance américaine et de la Révolution française — L.A.S., 3/4 p. in-4 ; La Grange, 2.VI.1831. Piqûres. 1200.–Extraordinaire missive prenant la défense de certains patriotes italiens dont le célèbre «*carbonaro*» Pietro MARONCELLI. Lafayette demande au ministre d'Agoult d'intervenir auprès du gouvernement autrichien pour qu'il soulage les peines de l'ami et malheureux compagnon de Silvio PELLICO: «*... Vous connaissez les aventures de M. Maroncelli, milanais distingué, dont la longue captivité dans le **Carcere duro** de Spielberg a fini récement, trop heureux de n'y laisser qu'une jambe et la moitié d'une cuisse coupées par un barbier sur le vû d'une permission longtemps attendue, quoiqu'il y eut progrès de gangrène combinée avec la discipline des prisons autrichiennes...*». Le général **Carlo ZUCCHI** (1777-1863), l'un des chefs de la révolution à Modène (fév./mars 1831) va être envoyé dans ces mêmes prisons «*... en réponse à la lettre autographe du Roi des Français pour demander sa liberté, et on lui fera valoir la rémission de la peine de mort à moins qu'on ne mette de notre part beaucoup de fermeté pour obtenir qu'il ne soit pas puni de sa confiance dans notre bon contentement...*», etc. Si Pietro MARONCELLI (1795-1846) avait été gracié en 1830 en même temps que Silvio PELLICO – lequel fera de lui l'un des personnages les plus émouvants de son récit *Le mie prigioni*–, le vieux général Zucchi resta, lui, dix-sept ans dans les geôles autrichiennes; il ne recouvra la liberté qu'à la révolution de 1848 et devint en quelques instants le commandant de la forteresse de Peschiera... Le poids politique du roi Louis-Philippe n'avait semble-t-il pas une grande influence en 1831 sur le puissant empereur d'Autriche François I.

Pauline, che ha tanta perspicacia e che può misurare meglio di me le conseguenze del silenzio e del parlare sovra tale oggetto, sia fatta arbitra da te. - Nel caso che tu intraprendessi quello scritto, a me pare che dovresti guardarti sommamente dal dargli un carattere troppo passionato. La verità, quando è passionata, sembra esagerazione. Inoltre bada, che non tutto della vita spielbergica può dirsi: se trasparissero, anche da minimi cenni, certe passate clandestinità, il male potrebbe essere grande. E' vero che quelle clandestinità non sono più; tuttavia anche ciò che riguarda il passato, non sarebbe innocuo il significarlo. Dico questo, non già pensando che tu possa lasciarti trascinare a rompere il freno de' riguardi dovuti, ma affinché tu badi che, inavvertentemente, non ti sfuggano certe espressioni accennanti quelle cose che vanno assolutamente taciute. Tu sei, amico mio, in una posizione che ha i suoi lati lusinghieri ed i suoi lati pericolosi. Facile cosa è che l'abitudine della libertà della parola ti faccia dimenticare i confini della prudenza e circa te medesimo e circa gli amici tuoi. Veglia perché ciò non avvenga. Facile cosa è pure che i liberali di Francia, e particolarmente quelli che più inclinano all'eccesso delle dottrine, intenti, come sono, a promuovere scontento ne' popoli, ed avvezzi a non iscrupoleggiare sui modi, né sulle possibilità di funeste conseguenze relative ad individui, cerchino d'annoverarti fra i loro stromenti. Tu sarai sempre incapace d'essere altro stromento, se non nobilissimo, d'un ben inteso liberalismo. Ma le altrui precipitazioni, gli altrui furori potrebbero comprometterti. Bada amico. La rivoluzione non è finita. Studia gli uomini e gli eventi, e misura i possibili.[10]

---

[10]   Il riferimento di Pellico diventa più facilmente comprensibile dopo aver letto la lettera del Maroncelli a Pepoli. Probabilmente dopo la sconfitta

Io sono in un mondo diverso dal tuo. Oltre la famiglia, non posso quasi vedere nessuno. Questa città, da dieci anni in qua, è divenuta insocievole. Paura e diffidenza da una parte, paura e diffidenza dall'altra, impeti sciocchi e furori di tempo degli animi più inesperti, rendono gli uomini inetti a quella fratellanza che dovrebbe unirli. Ora si sperano miglioramenti d'amministrazione dal nuovo Re. Lo dicono di buona intenzione, operoso e zelante di giustizia.

Carlotta e tutta la sua famiglia sono sempre quelle eccellenti anime d'una volta, ma non vado spesso da loro. Vi sono stato circa quindi giorni fa, e parlammo molto di te. Ti amano sempre molto; e il buon Dario gode e piange di tenerezza, ricordando la scena di Udine. - Canova[11] è a Napoli. - La Magiotti ebbe dispiacere di non trovarsi a Firenze al tuo passaggio. Mi sorprende l'inamorevolezza dimostratati da Gino;[12] o, per meglio dire, me ne duole, ma non deve mai sorprendere che uno uscito di Spielberg metta timore. Inoltre credi tu che la calunnia siasi poco affaccendata a denigrarci? Oh mio buon amico, lo so io! Ma quanto a me non me ne importa. Ciò è naturale. Ora che il povero Zucchi e gli altri generosi sconsiderati sono caduti, la parte vincente si sbraccia a dipingerli in nero. E non mancano coloro che si lasciano

---

della rivoluzione del febbraio 1831 Pellico temeva che Maroncelli come altri esuli italiani si fidasse troppo delle promesse non sempre attendibili dei liberali francesi a sostegno dell'indipendenza italiana.

[11]   L'attore Angelo Canova che aveva fatto parte della compagnia Marchionni e che era stato condannato a tre anni di carcere per non aver denunciato Silvio Pellico, dopo aver saputo che il Pellico apparteneva alla carboneria. (LUZIO, *Il processo Pellico-Maroncelli*, cit. , pp. 112-116).

[12]   Il marchese fiorentino di idee liberali Gino Capponi, amico di Federico Confalonieri.

ingannare. - Ah sì, io li compiango teco questi infelici! E vidi la loro perdita fin dal primo momento della loro avventatissima. Sciagura grande, non per loro soli, ma per l'Italia! Qui si sapeva come cosa positiva, che gli Austriaci non avrebbero osservata la non intervenzione. E singolare che due passi più in là lo ignorassero, o, che ciò non ignorando, supponessero verosimile la vincita, giocando a gioco sì enormemente ineguale. Scellerato chi calunnia gli infelici! Ma il vero si è che noi italiani, ad onta di tante lagrimevoli lezioni, ci abbandoniamo all'immaginazione, quando ciò che si richiede è un diligente calcolo ed una precisa cognizione dello stato delle cose. Gli agenti francesi oprarono iniquamente, affaticandosi a mostrare lo stato delle cose diverso da quel che era; ed ahi! Troppi si lasciarono illudere! - Io amo la nazione francese, ma sono scandolezzato della immoralità dei mezzi che in essa talvolta s'adoprano dagli eccitatori d'azione. L'eloquenza delle loro apologie non li salva. Ciò è turpe. Quante vittime per cagion loro! Se ti parlassi dell'amicizia che nutro indelebile per te, e del bisogno che ho di sempre pensare alle dolcezze che confortarono le condivise sciagure, se ti dicessi quante volte ti nomino e t'invoco , e prego perché tu sia felice, troverei forse parole da scriverti un volume. Ma preme ch'io rimetta questa lettera a chi ha la bontà d'incaricarsene. - Piacciati di consegnare l'acclusa. - Anche in Piemonte la filosofia sensualistica regna tuttavia con orgoglio, ma Cousin[13] si va leggendo e dispone ad un poco più di religiosità. S'è già fatto un gran passo in Francia, dando retta alle scuole tedesche. Cousin n'è uno splendido risultato. Nondimeno ciò manca di base, finché non si ha il coraggio di essere maggiormente

---

[13]   Il filosofo francese Victor Cousin.

cristiano, e di ravvisare la più sana dottrina del cristianesimo nel ben inteso, vero cattolicesimo. Ho letto e gustato altamente Cousin, ho letto i tre primi volumi della Religione di Benj. Constant, opera che ha il suo giusto e il suo esagerato. Sono preparamenti belli e buoni ad altri passi da farsi. Più medito, più confronto, e più sono convinto della verità della nostra Religione cattolica. chi la volta in caricatura può facilmente riderne. Chi la studia seriamente e senz'odio, vi scorge la filosofia in tutta la sua luce. Molti uomini che la professano, furono e sono iniqui, vili, ignoranti e fautori d'ignoranza. Ciò deriva dall'essere uomini e non dall'essere cattolici. Un parricida non è scellerato perché è figlio, ma perché non è buon figlio. - Ma addio, carissimo. Convien terminare. Tutta la mia famiglia sta bene e ti abbraccia. Tu abbraccia Checco e digli che l'amo. - I miei fraterni e rispettosi saluti a Pauline. Ricordami ad altri amici e conoscenti se costà ne incontri, e particolarmente ad Ugoni.[14] E tu, amami forte, e procacciati una vita tranquilla. Te l'auguro con tutto il cuore. Io sono così stanco del mondo che, se non avessi famiglia, cercherei un eremo.

Ti manderò il mio ritratto alla futura occasione. - Addio. Vorrei che la nuova gamba t'andasse bene. Non trascurare d'esercitarti. Sono ansioso di leggere i tuoi bei versi stampati. Ma difficile sarà in Italia il loro smercio. Le censure non ti faranno grazia, purtroppo. Addio, addio. Oh povero il nostro Manzini!

---

[14]   Lo scrittore Camillo Ugoni che era stato uno dei collaboratori del *Conciliatore* e che viveva in esilio a Parigi.

[Scrivimi sempre per soli mezzi particolari e non per la posta, e dirigi la lettera con sopraccoperta, senza alcuna accompagnatoria.
Al Rev.^{do} Padre Boglino
della Congregazione di S. Filippo
Torino]

SILVIO PELLICO A PIERO MARONCELLI

Torino, 11 dicembre [1831][15]

Carissimo Piero
Sono ammalato ed afflitto. Tu non dovevi mandarmi una lettera con quel proscritto d'Armari, dirigendola a Luigi. M'hai cagionato gravi disturbi. Possibile che sia tanto difficile ad un uomo il mettersi nella posizione di un altro? Ma che giovano i rimproveri? E m'è si spiacevole il fartene! Se t'occorre di scrivermi, dirigi come, per Dio, già ti dissi, le lettere, semplicemente al R. P. G. Gioseffo Boglino, dell'Oratorio di S. Filippo, Torino, e nient'altro, nient'altro.
Povero Piero! Scusa, ma non ho nemmen tempo di scriverti a lungo per temperarti il dispiacere del rimprovero. Ed hai già tante altre afflizioni anche tu! Prendo la più viva parte alla malattia di Checco, ma, come nell'annunciarmela, dicevi che

---

[15]   *Mademoiselle / Mademoiselle Joséphine Renardy / Abbaye aux bois, rue de Sèvres / n. ° 16 / Paris* .
    Autografo alla Biblioteca Comunale "A. Saffi" di Forlì (Fondo Maroncelli). Pubblicata in PEDRAGLIO, *Silvio Pellico*, cit., pp. 191-193.

cominciava a star meglio, spero che in breve la guarigione sarà compita. Abbraccialo per me, ed abbiatevi cura l'uno dell'altro. - Il duca Riaro non s'è lasciato vedere; forse proseguì il viaggio subito. Lo cercai invano nei principali alberghi. - Ti ringrazio del dono fattomi de' miei ritratti: l'opera litografica è buona, ma non vi è più gran fatto la mia fisionomia. Da parecchio sono senza lettere dell'ottima Carlotta. Addio, sempre caro; vorrei saperti felice. Di ad Armari che gli voglio un gran bene, ma ch'egli impensatamente m'ha fatto un gran male.

T'abbraccio teneramente. Se non si trattasse mai che di cose, le quali potessero danneggiare solo me, non mi lagnerei di nulla. Sono ormai così naturato a soffrire, che una più, una meno, conto poco le percosse.

Le solite oppressioni di petto mi vanno frequentemente visitando, - mantieniti in salute ed amami come t'amo. Nuovamente mille grazie del dono.

SILVIO PELLICO A PIERO MARONCELLLI

Torino, 24 dicembre 1831[16]

Mio carissimo Piero
Il cenno che già ti feci de' disturbi e delle afflizioni, che mi cagionarono quelle poche righe del nostro buon Armari, io non poteva ritardartelo. Mi rincresce che t'avrà addolorato. Or, mio

---

[16]   *Signor Piero Maroncelli / Parigi.*
         Autografo alla Biblioteca Comunale "A. Saffi" di Forlì (Fondo Maroncelli). Pubblicata in PEDRAGLIO, *Silvio Pellico*, cit. , pp. 193-195.

caro, ti basti ch'io ti dica che quella lettera, aperta com'era, invece d'essere portata a me, ovvero a Luigi, fu lasciata, co' ritratti, negli uffici e girò per quante mani fu possibile. Non vale, amico, dire: "ma io non credeva che potesse avvenire così, era naturale ch'io pensassi che la lettera fosse consegnata a te, o, volendola consegnare ad altri, venisse suggellata." No, amico, bisogna che il tuo senno preveda a quali patti, nel tal tempo e nel tal luogo, un uomo, già troppo circondato di sospetti, possa vivere illeso. Se ci parlassimo viso a viso ti direi anche di più.

Permetti alla mia amicizia di confessarti, che siffatta noncuranza di calcolare le tristi possibilità, mi fa temere che tu ti lasci troppo *influencer* dallo spirito esaltato ed impetuoso d'alcuni nostri italiani di costà. Havvene fra essi (e non solo italiani, ma de' francesi) dei quali ho assai a lagnarmi, non perché la loro volontà non sia generosa, ma perché sono ciechi e frenetici: veri guastamestieri del liberalismo.

E tu forse di costà non vedi che la penisola ne è piena. Precipiteranno tutto, pel furore egoistico di mangiare il frutto immaturo. Almeno gli uomini d'alto ingegno quale tu sei non sieno ludibrio di sogni. - La parte francese, che chiede guerra, soffia il fuoco dappertutto, contenta di farsi stromento suo, o di questo, o di quel popolo, anche per un solo istante. [Cosa strana][17], che il grande olocausto de' polacchi, così miserabile, ma così inutile, e così tornato a danno dell'incivilimento non estingua ogni fidanza verso i soffiatori francesi. Io vedo con dolore molte brutte verosimiglianze per la nostra povera Italia. Sai tu che [influita] gente in Romagna e nelle Marche sospira di darsi all'Austria, e che l'Austria, intanto che sembra non

---

[17]   In questo punto la lettera è danneggiata e non è di facile lettura.

intervenire, va lentamente mercando suffragi? Oh, sciagurati! Questo si chiama cadere dalla padella nella brage. Ma il mio intento non è di scriverti di politica.

Io non me ne mischio: soltanto procuro di vedere i fatti come sono. Le altissime cose non si possono operare in fretta e senza potenza, senza virtù, senza unione e senza sapere.

Come si sta qui in Piemonte? Siccome tutto è relativo, se ci paragoniamo a' Lombardi, dirò che si sta bene: e chi dice il contrario è accecato da giudizi parziali.

Io vorrei che tu, ed ogni nostro buono, badaste bene a non involgervi in società che un giorno o l'altro vi sacrificassero.

Sono impaziente d'aver nuove notizie di Checco.

Quando mi scrivi, ricordati di dirigere le lettere al Rev. P. G. Gioseffo Boglino dell'Oratorio di S. Filippo Torino (senza aggiungere altro). Quell'angiolo di Carlotta[18] mi scrive la grandissima afflizione che ha provato, udendo la malattia di Checco. Capii però che tu non le dicesti ch'ei si fosse fatto un taglio. E il vostro Manzini è sempre a Parigi? Ti scrissi la precedente lettera, con tanta agitazione e premura, che non credo nemmeno d'averti detto di salutarlo. Or dunque salutalo doppiamente.

Da alcune settimane non posso riacquistar forza: sono divorato a bocconcini da alcune febbricciuole che mi tolgono l'appetito e mi rompono le ossa. Tuttavia sto di rado in letto, e non desisto da' miei studi. Stampo finalmente i *Dertonesi* e due altre tragedie *Gismonda da Mendrisio* ed *Erodiade*.[19]

---

[18]   L'attrice Carlotta Marchionni che il Pellico ha frequentato assiduamente nel periodo 1831-1833 in cui l'attrice ha portato in scena diverse sue tragedie, da Ester a Gismonda.

[19]   S. PELLICO, *Tre nuove tragedie*, Torino, Giuseppe Bocca, 1832.

Ora lavoro ad un saggio dei nobili affetti, ove tratto dell'affetto religioso, dell'amor patrio, dell'amor filiale, dell'amor fraterno, dell'amicizia, ecc., scorrendo insomma su tutto ciò ch'è generoso sentire. Il complesso dei nobili affetti e dell'operato che ne consegue, costituisce la virtù. Bisogna coltivarli tutti, per essere ciò che debb'essere l'uomo.

Quando passerà la signora Bonetti non mancherò d'usarle tutte le attenzioni possibili. Se sei ancora in tempo, dirigila al P. Boglino.

Oh come saresti stato galantuomo, se, invece di mandarmi cinquanta copie del mio ritratto, ne avessi mandate venticinque del tuo e venticinque del mio! Spero che un altra volta me ne compenserai. Ma ricordati. - Non ho alcuna notizia dei nostri poveri Spilberghesi. L'annuncio che parecchi di loro sieno stati posti in libertà sembra falso. La prima gazzetta che ne parlò fu quella bugiarda *Allgeimene Zeitung*, che, tanti anni sono, aveva annunciata [...][20] Abbraccia Checco e possa tu dirmi, o farmi sapere da Carlotta[21], che egli è risanato. - I miei rispetti a mad. Andryane. Sa ella nulla da Alessandro. Addio.

T'abbraccio stretto, stretto, e anche il nostro caro Armari.

PAULINE ANDRYANE A PIERO MARONCELLI[22]

---

[20]   In questo punto la lettera è strappata e la frase non è leggibile interamente.

[21]   Carlotta Gabrielli.

[22]   Nei primi mesi dell'esilio parigino Maroncelli venne aiutato sia moralmente sia economicamente da Pauline Andryane, cognata di Alexandre Andryane allora detenuto allo Spielberg.

[s.d, ma databile al 1831][23]

Adoucir vos irréparables malheurs, serait pour moi une récompense de tout ce que j'ai souffert dans ma vie! A rivederci, caro mio Maroncelli, a domani. Spero che fra poco mi farete conoscere il caro vostro fratello[24]

PAULINE ANDRYANE A PIERO MARONCELLI

[s.d, ma databile al 1831]

Voulez-vous donc, mon cher Maroncelli, si vous êtes libre, me venir demain, jeudi, à neuf heures? Je ne vous demande pas plus tôt, parce que je ne dois pas dîner chez moi. Bonsoir, et à revoir demain.

---

23   Pubblicata in Rivista d'Italia, volume 17, numero 2.
24   Francesco fratello di Piero. Dal diario di Pauline di cui pochi anni fa è stato ritrovato l'originale risulta che lei non era innamorata del marito, ma di Alexandre e che per questo insieme a Teresa Confalonieri si impegnò molto per la liberazione del cognato.

La liberazione di Alexandre Andryane che accompagnato dal cugino rivede la sua amata Pauline. L'illustrazione è tratta dalla terza edizione delle "Memorie di un prigioniero di stato nello Spielberg" dello stesso Andryane.

SILVIO PELLICO A PIERO MARONCELLI

Torino, 20 marzo, 1832[25]

Mio Piero
Mi fu caro conoscere Zannini,[26] col quale tanto tanto parlammo di te, di Checco, di Camillo e di Cesare - e carissimo il ricevere la tua lettera.
Dopo il dispiacere ch'io ti avevo accennato, e che non ebbe conseguenze, i miei giorni volsero quieti, e direi quasi felici, se la salute debolissima di mia madre non mi desse talvolta a temere. Qualche lettera di Carlotta[27] mi rinfresca l'anima, ed io le scrivo con amore, e puoi credere quanto spesso a lei ti nomini. Gli anni che passammo si miseramente, eppure si dolcemente, insieme, i nostri dolori, e più i tuoi, che tanto superavano i miei, la tua soave amicizia, le tue virtù - ho io bisogno di dirtelo! - tutto ciò è *unvergessliche* per me.

---

[25]   Autografo alla Biblioteca Comunale "A. Saffi" di Forlì (Fondo Maroncelli). Pubblicata in PEDRAGLIO, *Silvio Pellico*, cit. pp. 195-198.
[26]   Lo scrittore Giambattista Zannini autore di una tragedia di argomento dantesco intitolata "Il conte Ugolino".
[27]   Credo si riferisca all'attrice Carlotta Marchionni, Pellico era anche in corrispondenza con un'altra Carlotta, la principessa romana Carlotta Gabrielli, ma non credo che fosse in tale confidenza con lei da poter affermare di scriverle con amore, trattandosi inoltre di una donna sposata e per di più con un marito geloso, visto che nel 1834 Pietro De' Santarosa che le voleva portare una lettera del Pellico e in questo modo voleva avere anche l'occasione di conoscerla di persona non aveva potuto farle visita nella sua residenza romana.

27

Do molto tempo agli studi, e poco alla società, la quale non è fatta a modo mio. Esagerazioni da ambo le parti, calcoli stolti, ire, calunnie, perfidie, ecco ciò ch'ella presenta. Governarla, correggerla, chi il potrebbe? Ho preso il mio partito: me ne sto lontano, confido nel corso naturale delle cose, che produrrà più bei giorni ai futuri. Quali sono i miei studi? Per lo più letture. Produco poco. Le composizioni della mia gioventù, inedite, non mi piacciono più, ed esigerebbero troppo lavoro, a renderle tollerabili, giacciano dunque in eterno nella loro oscurità. - Stampai i *Dertonesi, e* due altre tragedie, che composi l'anno scorso. Ti mando questo volume e rido delle smorfie che giustamente farai, sulla goffaggine del tipografo e sulla scorrezione. Quanto a quest'ultima, ci ho un po' di colpa io; consentii a far l'edizione in fretta, e mi fidai. Ciò varrà ad insegnarmi che la fretta nulla vale.

Conobbi in questi dì un Mons. Eichoff, francese, di tedesca origine, bibliotecario della regina di Francia. Mi promise d'adoperarsi con calore, perché la sua regina domandi direttamente la libertà del povero Andryane. Dio volesse, che, a forza di rinnovare le sollecitazioni, si finisse per cogliere Cannella in un momento di buona voglia! - E' morto, non ha guari, a Brescia, il vecchio Martinengo. Morì religiosamente, ma senza bigotteria, senza avvilirsi. Era uomo di poca coltura, ma di sensi retti. Disse queste belle parole, baciando il Crocefisso: "Mi rincresce di non poter morire, come te, per giovamento degli uomini!"

Hai tu esitato tutto, o poco, o molto, delle 144 copie delle mie opere inedite, che ti mandai nel maggio dell'anno scorso? Poveri autori! In Toscana fui ristampato due volte; altrettanto in Lombardia, e chi non vi guadagnò, o pochissimo, sono io. - Non pubblicasti ancora niente delle cose tue? - In Francia non sarà troppo il luogo, ed Italia peggio. - Alcuno mi disse che una tua relazione sulla patita captività comparve a Bologna. - Felice te, che sei professore di musica, e non hai a trarre la tua sussistenza da opere letterarie: per un Italiano questo è il più misero dei mestieri. Scrivimi, anche per la posta, se vuoi, ma dirigendo le lettere: Al Rev. P. Gian Gioseffo Boglino dell'Oratorio di S. Filippo, Torino (senza aggiungere altro). Ben inteso che, scrivendo per la posta, non toccherai punto di cose politiche. - Questo P. Boglino è un uomo raro, uno di que' veri Cristiani, che sono tanto più amanti della ragione e della giustizia, quanto più fermamente credono al Vangelo ed alla Divinità dell'Uomo. Egli ed io favelliamo spesso di te, e siamo persuasi che se tu fossi con noi, saremmo sempre d'accordo. - Il San Simonianismo è uno di que' vani sforzi (come l'ateismo ed il deismo degli anni passati) che pretendono farsi base alla ricostruzione della società, e che non possono ciò essere. Menano rumore qualche anno, si sostengono col credito di fautori eloquenti e rispettabili per qualche virtù, e poi cadono sotto la prepotente efficacia d'una buona e disappassionata critica. - Quando la scienza sociale avrà varcato quest'epoca violenta di contrasti, quando la giustizia avrà le sue debite, costanti mallevedorie, quando la maggiorità de' pensanti, guardando la macchina politica, dirà: "Veggo che va bene" allora, nella stessa guisa che già oggi si sorride sulle declamazioni irreligiose di cinquant'anni fa, si sorriderà di queste asserzioni d'oggidì: il cattolicesimo è il cristianesimo deturpato nel medioevo - il cristianesimo fu bell'e buono, ma non val più niente - il cristianesimo non c'è più, l'abbiamo ammazzato noi. - Si vedrà che il cristianesimo, era, ed è, e sarà sempre la dottrina del far bene, motivata sui più ragionevoli principi religiosi, e congiunta ad un culto semplice e sapiente.

Si vedrà che, siccome il cristianesimo era fautore di virtù, e nascendo in Giudea, e propagandosi nel mondo pagano, e attraversando la barbarie del medio evo, così sarà fautore di virtù in tempi più illuminati e più consoni a lui. Si vedrà che in niun periodo il cristianesimo è colpevole della stoltezza e dell'iniquità de' forti e degl'imbecilli. Si vedrà che non gli si può sostituire una religione nuova; e che non avvi altro a fare che intenderla e praticarla a dovere, sotto tutte le contingibili forme sociali.

Qui trovo pochi che concordino colla mia credenza. L'eccesso ha non so che, che seduce, o pinzoccheri, o anticristiani. Quasi che non si potesse essere soldato, senza essere codardo o furibondo. Pazienza: le grandi agitazioni e le opposte idee formano per lungo tratto un caos, ma alla fine delle fini tutto si ordina. Bisogna consolarsi guardando l'avvenire, e procurando di vederlo giusto.

Carlotta Marchionni è andata a far la quaresima a Milano. La vidi prima che partisse, e m'incaricò di salutarti tanto e dirti che ti vuol sempre molto bene.

Così la signora Bettina e Gegia[28]. E chi è che t'abbia conosciuto e non t'ami? Ma posso sfidare tutto il mondo, niuno mi supera, niuno m'uguaglia in tenerezza verso di te. Tu mi ricorri alla mente in mille fogge; niuno ha, al pari di me, intima

---

[28]   L'attrice Gegia Marchionni, di cui Silvio Pellico si era innamorato nell'estate del 1820. Per lei Silvio Pellico aveva scritto un vaudeville, intitolato *La festa di Bussone*, che era stato rappresentato nel teatro Re di Milano il 28 giugno 1820. Silvio Pellico voleva sposare la Marchionni, ma si era scontrato con l'opposizione ferma dei propri genitori e l'arresto nell'ottobre del 1820 aveva interrotto tragicamente il loro rapporto. (G. CAGNO, *Silvio Pellico librettista e traduttore per la Gegia Marchionni*, Torino, Stabilimento Tipografico Sane, 1921).

conoscenza dell'anima tua. Come la trovai sempre candida, amante, generosa! Non dimenticarti di me, sta sano e lieto. Sì, lieto, ad onta dell'ingiustizia degli uomini; ad onta delle avverse vicende! Essere irreprensibile e superiore a tutto, è fonte purissima di letizia. - Abbraccia Checco, Cesare e Camillo.[29] Non vidi la signora Bonetti. Forse passò a Torino, senza fermarsi. Addio, diletto fratello. I miei ossequi a Mad. Andryane. Addio. Ti aggiungo un nuovo mio ritratto abbastanza somigliante.

SILVIO PELLICO A PIERO MARONCELLI

Torino, 20 agosto 1832[30]

Mio caro Piero
Come sono io senza risposta alla lettera che ti mandai questa primavera? L'ambasciatore di Francia, al quale la consegnai, m'assicura che ti fu rimessa. Ed infatti altre che scrissi costà, e spedii per suo mezzo, giunsero esattamente e prontamente al loro indirizzo.

---

[29]   Checco era Francesco fratello di Piero, Cesare è credo Cesare Armari e Camillo lo scrittore Camillo Ugoni, tutti e tre esuli in quel periodo a Parigi.

[30]   *Monsieur Pierre Maroncelli / chez M. ^{lle} Joséphine^e Renardy / Abbaye aux bois, rue de Sèvres n.° 16 / Paris*
        Autografo alla Biblioteca Comunale "A. Saffi" di Forlì (Fondo Maroncelli). Pubblicata in PEDRAGLIO, *Silvio Pellico*, cit. pp. 199-202.

Siccome tu mi chiedevi a chi dovevi rimettere il denaro che avevi per me, io ti dicevo di rimetterlo appunto a chi meglio ti pareva, ed anzi al banchiere mons. Chauvet, giacché quello mi proponevi; e soggiungeati che tu mi scrivessi per lo stesso mezzo ch'io ti apriva, cioè dando la tua lettera a quelli che ti trasmettevano la mia.

Donde, mio buon amico, il tuo silenzio? M'avresti tu fatto il torto di non riscrivermi, perché forse ti fossi trovato, per qualche impreveduto impegno, a ritardare la spedizione di quel denaro? Scusami se ho tal sospetto. E s'io m'apponessi, vergognati d'avermi creduto sì avaro, ch'io non gradisca le tue lettere, quand'anche tu non mi potessi mandare denaro. Nei hai tu che t'amino più di me? che pensino a te più sovente? che facciano più ardenti voti per me? No, Piero, non ne hai. - Via, da buon fratello: se non t'incomoda mandami quella sommetta, rimettila alla signora Rocchietti,[31] dalla quale ricevi questa lettera. E se ciò t'incomoda, dalle almeno due righe per me. Parlami della tua cara salute, parlami de' tuoi beni e de' tuoi mali. Ricordati che la nostra è fratellanza di carcere; ricordati che non so volerti poco bene. E sappi che talvolta sospiro il carcere, perché la io era con te; e tutte, tuttissime le rimembranze che di te mi tornano alla mente, mi sono sacre.

Addio, ottimo amico. Abbraccia per me tuo fratello e Camillo, e il nostro Alessandro (che pur mi è debitore d'una risposta) e riverisci l'egregia Pauline.

---

[31]   Probabilmente si tratta della moglie del commerciante torinese Ignazio Rocchietti che ho trovato citato sia in una lettera di Gioberti sia in una rivista dell'epoca dove viene indicato come "fondachiere".

Come sto? Maluccio di molte cose, ma benino di salute: non senza frequenti e profonde mestizie, ma con fiducia in Dio, il quale so esser buono ed amo.
T'abbraccio strettissimo.
Se tu mi scrivi per la posta (il che or pure consento, non dicendomi mai sillaba di politica) - non dirigere le lettere al nome mio; ma: al Rev.do P. Gian Gioseffo Boglino dell'Oratorio di san Filippo Torino
(E questo P. Boglino t'ama e ti saluta)

SILVIO PELLICO A PIERO MARONCELLI

[Torino, 27 ottobre 1832][32]

Mio Piero
Ecco finalmente di nuovo una lettera tua! una lettera del mio fratello di catene! Ho passato giorni e giorni assai mesti, temendo che, o cholera o cholerina, o altri malanni t'affliggessero. Quei pericoli d'epidemia, t'assicuro che li avrei divisi volentieri con te, piuttosto che saperti in mezzo ad essi, e non trovarmi a te vicino. Basta: sia ringraziato Dio; ciò s'è dileguato, e tu vivi. Non fortunato, ma vivi. E chi è fortunato mio dolce amico. Se alcuni potrebbero dirsi tali, appena il sanno. Gemono, s'affannano, si lagnano, a un di presso come

---

[32] *Monsieur Pierre Maroncelli / hotel Lillois, rue Richelieu, n.° 63 / Paris*
     Autografo alla Biblioteca Comunale "A. Saffi" di Forlì (Fondo Maroncelli). Pubblicata in PEDRAGLIO, *Silvio Pellico*, cit. pp. 199-202.

gli altri. Ebbene, lagniamoci anche noi, che più di tanti altri, purtroppo, n'abbiamo donde. Ma sorridiamo, lagnandoci, ed esultiamo d'avere una fortuna grande che molti non hanno; quella di credere non leggermente in Dio, di sentirlo davvero, di credere all'alta destinazione ch'egli ha assegnato a' mortali, e di trarre da lui tal forza da portare ogni croce senza avvilirci, senza cessare di benedire lui e la natura nostra, di benedire gli uomini! - da cui pur è vero che riceviamo più male che bene! - Quanto deploro che tuo fratello sia stato così frustrato nelle sue speranze, andando a Londra! Ella è veramente crudel cosa, aver avuto possibilità di migliorare notevolmente la sua condizione, ed essere stato deviato. Se la disgrazia fosse mia propria, non potrebbe spiacermene di più.

Nelle città grandissime tuttavia è sempre sperabile il finir per far valere lucrosamente, od almeno con discreti vantaggi, il proprio ingegno. Non così in Torino, città che amo e che mi ama, e dove pure non v'è modo ad uno sciagurato mio pari di guadagnare alcun che di più d'un meschinissimo necessario. Per buona sorte, mio padre e i miei fratelli dividono meco di cuore ciò che hanno.

I libri che stampo, si ristampano subito a basso prezzo a Milano, a Firenze ed altrove, e se fo l'edizione per mio conto, le provvigioni e le frodi de' librai mi mangiano quasi ogni utile; se la fo vendendo il manoscritto (come ora ho fatto al libraio Bocca, ch'è un galantuomo) bisogna ch'io mi contenti di poco, perché niun libraio può offrirmi molto di cosa che subito è ristampata pel resto d'Italia; se fo associazione... fui disgustato dalla prima. Gli associati (dovendo escludere gli altri stati d'Italia, dove i manifesti non possono correre, Dio sa perché, e dove pochi hanno il coraggio di porre il loro nome) rimangono in picciolo numero. Figurati che la buona Sacrati, con tutto ch'abbia tanti conoscenti, non ebbe modo d'esitare le poche copie che le mandai delle Opere Inedite. Ed i fiorentini non avevano torto: niuno anzi ha torto, giacché tutto si ristampa in Toscana per ottimo mercato che pessimo è agli infelici autori. Tal'è di noi: pazienza!

Buon per me, che a dir vero non sono innamorato dell'agiatezza. La mia incolpevole povertà mi farà compagnia fino alla tomba; e non me ne cruccio. Uomini più degni di me la patirono maggiore; e la mia non essendo estrema, son contento. Ho qualche amico che si pregerebbe di giovarmi, s'io gli dicessi: "M'occorre questo o quello." Ma qual è l'uomo onesto, non restio a dimandare, allorché pur pure lo stretto necessario lo ha? Così è. Or bada, che, mentre ti fo palese come a fratello la mia condizione, t'assicuro parimenti non essere in miseria. Se que' cento franchi che tieni per mio conto ti facessero buon pro, in questo noioso avvicinarsi del verno, serbali, amico dell'anima mia. Te ne prego davvero, m'hai inteso?

Mi sono mezzo impegnato per la versione in francese delle Mie Memorie. Ma forse accadrà ch'io mi disimpegni, e allora falla tu, o falla fare, e se ricaviamo denari, dividiamoli. Te ne spedirò subito una copia. E poi ti scriverò.

Ho qui conosciuto Botta[33], e debbo dire che mi colmò di dimostrazioni d'amicizia. Il suo merito non l'insuperbisce. -

---

[33]   Carlo Botta (San-Giorgio-Canavese [Torino] 1766 - Parigi 1837). Dopo la laurea in medicina presso l'università di Torino venne nominato nel 1796 medico militare dell'armata francese delle Alpi. L'esperienza di direttore dell'ospedale militare di Corfù lo portò a scrivere la sua prima opera la *Storia naturale e medica dell'isola di Corfù* (1798). Nel 1802 entrò a far parte del Corpo legislativo francese. Dopo la caduta di Napoleone fu

Egli parla d'Ugoni con grande stima. Diglielo e saluta, quando tu il veda, questo uomo dabbene. Digli che lessi con piacere la menzione amichevole che fece di me in una lettera a Marchisio,[34] e ch'io sono memore sempre dell'ingegno e delle virtù di lui. lo conobbi in un tempo, in cui poco prevedibili erano le sventure che ci sopravvennero. S'io lo amava allora, or cento volte di più; perché so che, nelle vicende infelici, ei serbossi ragionevole e puro.

Bravo il mio Piero. - Parla anche di religione con chi può intenderti. Colui che sa di non esser fanatico né ipocrita, non arrossisce del Vangelo. La filosofia crescerà, ma pargoleggia ancora. Le infantili rabbiette di lei contro lo spiritualismo non c'inquietino, e non ce ne impongano. Fammi una grazia. Non mandarmi né catena d'oro né anello. Avrò infinito piacere che li tenga tu: e non ho d'uopo di questo per ricordarti *Meinen Unvergeslichen*. Accetto volentieri il Rossetti, il tuo ritratto e quei lavori di belle arti che m'accenni. Non bastano questi palpabili souvenirs? Dacché vuoi ch'io ne abbia, spedisci queste cose: *A monsieur le comte Gros, au Grand Chaconnet, près de Genève*. E tu scrivi a questo comte Gros, dicendogli che si compiaccia di far tenere: A madame la contesse De Santarosa, ciò che a lui dirigi. Soggiungigli (bada bene!) che

---

rettore dell'Accademia universitaria di Rouen. Nel 1832 rientrò per alcuni mesi in Piemonte sperando nel nuovo re Carlo Alberto e nella sua volontà di attuare delle riforme. I suoi scritti più importanti sono: *Storia della guerra dell'indipendenza degli Stati Uniti d'America"* (1809), *Storia d'Italia dal 1789 al 1814"* (1824), *Storia d'Italia continuata da quella del Guicciardini fino al 1789* (1832, in 15 volumi). (*Dizionario biografico degli italiani*, s.v. Botta, Carlo).

[34]   Lo scrittore torinese Stanislao Marchisio, autore di testi teatrali e amico della famiglia Pellico.

mandi quell'involto per contrabbando, e non già per via ordinaria. Così niente si perderà, e non avremo seccature. Questa contessa Santarosa è la vedova del nostro onestissimo infelice Santorre di Santarosa ottima amica mia, anzi nostra. Caro Piero, poni il tuo tempo in far cose migliori, e non la mia biografia. Se qualche cenno di me tu voi assolutamente fare, traggi tutto (quanto a notizie di fatto, me concernenti) dalle *Mie Memorie*, e nulla da confidenze che io ti abbia fatte. Prima di tutto, non una sillaba non una sillaba della mia sventuratissima Rosa;[35] capisci? Non una sillaba. Tu devi ignorarla affatto. Quanto a' miei principi religiosi e politici, dì pure ch'io sono Cristiano e nemico d'ogni tirannia e d'ogni illiberalità; ma non entrare in ispiegazioni. Chè brevemente non si possono fare, e facilmente danno ansa a' malignanti; e tu sai dov'io viva. Sì, le lettere che mi scrivi presentale al Ministero con soprascritta: *À M.* [r] *le baron de Barante, Ambassadeur de France à Turin*. Intenditi colla persona che ti porta le mie, ma fa come se la tua corrispondenza fosse con esso m. [r] De Barante. Di Carlotta di Roma non ho lettere. Mi parve così buona, così nobile creatura! Duolmi che tu abbia qualche motivo di esserne scontento.

---

[35]   Nell'edizione francese de Le mie prigioni Maroncelli parla di una gemella di Silvio di nome Rosina, che non risulta però da nessun'altra fonte tanto che secondo la biografia del Pellico scritta dal padre gesuita Ilario Rinieri Rosina sarebbe Giuseppina Pellico entrata verso i vent'anni nell'Istituto religioso delle Rosine di Chieri. Io ho pensato anche alla cugina lionese di Silvio di cui il poeta si era innamorato durante il soggiorno presso gli zii, povera fa pensare, infatti, ad una persona defunta o comunque che aveva avuto una sorte poco fortunata.

Addio carissimo. Tutta casa mia ti saluta, e quel degno uomo di P. Boglino. Sovvengati spesso di chi tanto t'ama e t'amerà sempre, saluta Checco e gli altri amici. [Scrivo ad Alessandro. Sigilla la lettera che ti compiego, e fagliela prontamente tenere, ti prego.][36]

SILVIO PELLICO A PIERO MARONCELLI

[Torino, 10 novembre 1832][37]

Mio Piero

Eccoti una copia per te delle mie Memorie ed una per Alessandro. In Francia, ove tutto può dirsi, parrà ch'io troppe cose abbia taciute, ma il luogo ed il tempo sono causa di ciò. Del resto, tutto quello che ho potuto dire è fedelissima rappresentazione dell'animo mio. Non avendo modo di dare a Domingo[38] ciò che si meritava per la sua viltà e stoltezza, ho

---

[36]   Questo periodo manca nell'edizione curata dalla Pedraglio.

[37]   *Monsieur Pierre Maroncelli / hotel Lillois, rue Richelieu, n.° 63 / Paris*

Autografo alla Biblioteca Comunale "A. Saffi" di Forlì (Fondo Maroncelli). Pubblicata in PEDRAGLIO, *Silvio Pellico*, cit., pp. 202-204.

[38]   Domingo era il soprannome che i prigionieri politici avevano dato al sacerdote Stefano Paulovich. Di lui ci ha lasciato un ritratto significativo Federico Confalonieri nelle sue *Memorie*: "*In sul finire del mese arrivò infatti il sacerdote Stefano Paulovich. Egli era un chierico dalmata, di quelli che sotto l'italico regno, a civilizzazione di quella provincia erano stati ammessi ad istruzione gratuita nel seminario di Padova. Compitone il corso ed ordinato prete, professando il sacerdozio in Spalato, ebbe occasione dalle ricevute confessioni di alcuni Carbonari di mettersi in*

notato che i sacerdoti ottimi furono quelli tedeschi. - Del Gufo non potei accennare alcun giudizio. - Le pagine che più mi sono care di questo libro, sono quelle ove parlo di te. Ed oh quanto di più avrei voluto dire! Qui il libro fa furore. La mia religione dispiace a taluni, e se ne arrabbiano un poco. Ma già lo sapeva. A Milano si dice che la mia moderazione fa risaltare tanto più la barbarie di Cannella; e che i suoi ne fremono più che s'io avessi usato invettive; le quali sogliono scemare aria di verità.

Addio. amami come t'amo. Spero che avrai ricevuta la lettera ch'io ti scrissi un mese fa, dandoti, per le cose che volevi spedirmi l'indirizzo di : *M.^r le comte Gros au Grand Chaconnet près de Genéve.*

E ti soggiungeva che tu scrivessi a quel conte Gros, di far passare il tuo involto per contrabbando alla signora contessa Santarosa di Torino. Ed or ti ridico che gradirò il tuo ritratto e que' lavori di donna che accenni, ma che non voglio catenella, né rubino, o simili.

T'abbraccio con tutto il cuore.

---

corrispondenza col governo di Vienna. Premio della sua condotta in questo affare (...) fu la sua ammissione fra gli alunni del Sublime Istituto di Vienna, destinato a dare l'ultima mano all'istruzione ed alle massime direttive del clero, che vuolsi destinare agli impieghi ecclesiastico-politici. Tutti questi dettagli li ritraemmo a mano a mano dalla propria bocca dell'istesso sacerdote Paulovich, il quale diedesi poi a divedere in tutto il decorso della sua missione per uomo più vanitoso che accorto, più zelante che istrutto, più interessato alla buona riescita del suo politico incarico che non cauto e prudente nell'esercizio del suo ecclesiastico ministero." (F. CONFALONIERI, *Memorie*, pubblicate a cura di G. CASATI, in F. CONFALONIERI, *Memorie e lettere*, a cura di G. CASATI, I, Milano, Hoepli, 1889, p. 192).

Silvio tuo

*Una targa apposta sulla casa natale
di Piero Maroncelli a Forlì.*

SILVIO PELLICO A PIERO MARONCELLI

[Torino, 10 dicembre 1832]³⁹

---

39   *Monsieur / Monsieur Pierre Maroncelli / rue du Rocher, n° 23 (bis) / Paris*
    Autografo alla Biblioteca Comunale "A. Saffi" di Forlì (Fondo Maroncelli). Pubblicata in PEDRAGLIO, *Silvio Pellico*, cit., pp. 202-204.

Mi si dice che il mio libro abbia fatta molta sensazione a Vienna, e che l'imperatore abbia dato qualche ordine per migliorare il trattamento spilberghense. Utinam!

Mio Piero

Il signor barone de Barante, ambasciatore di Francia, va per quattro mesi in patria. Vedrai in lui uno degli uomini più gentili del mondo. Non mancare d'andare a riverire la sua signora, che, infinite volte, s'intenerì, udendomi narrare ciò che hai patito, ed in qual nobile guisa hai patito. Vedrai vicino ad essa un angiolo di 16 anni, che chiamasi mad. Adelaide, traduttrice della mia *Ester* e della mia *Gismonda*, e che ti stima assai assai, massimamente dacché ha letto le *Mie prigioni*, e ti ha conosciuto da esse nell'anima. Un altro angiolo bellissimo di 12 anni è mad. Costance, ed un terzo, egualmente incantevole, è mad. Titine, cioè Ernestine. Queste tre divine fanciulle vedranno con amicizia e commiserazione anch'esse il povero amputato, mio fratello di catene.

Incontrerai pure in quest'egregia famiglia una tedesca loro istitutrice, mad. Charlotte, ch'è ottima persona, e ti compiange ed ama. Se non hai dimenticato il tedesco puoi parlarlo con lei. Da Carlo Botta ti sarà stato consegnato il volume delle Mie prigioni. Questo libro ha fatto qui, come si dice, furore. Parimenti in Lombardia e Toscana. In Lombardia non se ne permette l'introduzione, ma vi entra da tutte le parti. Avrei tratto gran denari se avessi fatto l'edizione per mio conto. Fra il numero de' giudicanti v'ha due specie di gente che maledice quel libro: certi ultrà, che non vogliono credere possibile, ch'io sia cristiano di cuore, - e certi esagerati che malamente professano il liberalismo e non soffrono che si colleghi colla religione. - E' naturale ch'io non mi crucci del biasimo di questi, né di quelli.

In Francia, se tu od altri tradurrete quel volume, si troverà, più che altrove, troppo religioso. Ma che conta? Purché si legga e consuoni colle anime pie e soavi, che pur sempre sono molte dappertutto. - Se tu fai quella versione, avverti di notare che il lavoro che facevamo erano calze di lana. Ho dimenticato di dar contezza di ciò, laddove parlo del lavoro. Potrai anche mentovare il segar la legna.

Se tu vi facessi alcune note, tanto meglio, ma bada serissimamente a non dir cose, le quali, nel paese in cui vivo, non mi suscitassero maligne censure. Tienti ai sentimenti da me espressi, e non farvi interpretazioni ardite. - Che vita conduci? Oltre all'occupazione che ti dà la musica, puoi tu scrivere? Apparecchi tu nulla per le stampe? Quante cose vorrei sapere da te! Sei tu comportevolmente felice, ad onta della tua lontananza dalla patria, ad onta di tante sciagurate vicende? Sei tu circondato di persone che t'amino? Ah sì! lo spero. Tu sai così bene ispirare stima ed amore. Sei tu ognora - malgrado tanti pregiudizi in questo secolo di furori - persuaso, ed imperturbabilmente persuaso, che intendendo bene il Cristianesimo, egli è filosofico in sommo grado? che gli uomini invano si dibattono per uscire dal suo magico, o piuttosto divino cerchio?

Sovente m'affliggo pensando a te e alla infelicissima nostra penisola ed a tante vittime dei tempi. Ma consolami la certezza che la Virtù s'esercita in ogni tempo ed in ogni luogo; e chi vuole aver virtù è maggiore d'ogni fortuna.

Se non mi spedisti ancora il tuo ritratto e quei lavoretti di donna, prega di quest'invio mons. De Barante.

Addio, amami come io t'amo. Saluta Checco e gli altri amici.
Le tue lettere rimettile pure a mons. De Barante.

PIERO MARONCELLI A KARL SCHNEIDER

[Parigi, 22 dicembre 1832][40]

Que moi j'ai trouvé en Mademoiselle un être plein de bonté,
d'amour, doué d'un caractère ferme et doux à la fois, c'est ce
que n'aurez pas de la peine à concevoir mais qu'un tel' être, a
la fleur de son âge, se soit inébranlablement propose de s'unir
a moi qui dans une trentaine d'années j'ai vécu un siècle, et un
siècle de souffrances horribles, et dont je n'en suis sorti que
mutile -vous ne le concevrez pas si aisément, et c'est à
Mademoiselle a vous expliquer cela.[41]

---

[40]   Autografo nella Biblioteca Comunale di Forlì (Fondo Maroncelli).
Pubblicata in *Rassegna storica del Risorgimento* del 1918, pp. 718-
719. Piero scrive al fratello di Amalia per spiegargli i sentimenti che lei
prova per lui e nello stesso tempo riconosce che per una ragazza così
giovane è una scelta coraggiosa quella di unirsi ad una persona che ha già
vissuto una vita così intensa e sofferta come la sua.
[41]   Traduzione: "Quello che io ho trovato in mademoiselle è un essere
pieno di bontà e d'amore, dotato di un carattere fermo e dolce allo stesso
modo, è una cosa che non questo è ciò che non avrete difficoltà a concepire,
ma che un tale essere, nel fiore dell'età, osi propone di unirsi con fermezza
a me che in trent'anni ho vissuto un secolo e un secolo di sofferenza orribile,
e che ne sono uscito mutilato non si concepisce così facilmente, ed è
mademoiselle che ve lo deve spiegare.". (ho lasciato il termine
mademoiselle senza tradurlo perché credo che Maroncelli lo usi in senso di
rispetto, anche se suona un po' insolito che rivolgendosi al fratello della sua
futura moglie non scriva semplicemente vostra sorella ha deciso nel fiore

PIERO MARONCELLI A SILVIO PELLICO

[Parigi 26 dicembre 1832][42]

Due righe per dirti in grandissima fretta, cosa che ti sorprenderà. Checco parte, e parte venerdì (28 corrente) per Costantinopoli, seguendo l'ammiraglio Roussin, da cui ho ottenuto il tragitto gratuito e l'ospitalità per i primi mesi, fino a che siasi formato colà una clientela. L'eccellente duchessa di Broglio,[43] da me pregata a quest'uopo, è quella che à riuscito a far acconsentire l'ammiraglio. –Ora, mio carissimo, devi tu pure contribuire a quest'opera buona, procurando a mio fratello una lettera per

---

della giovinezza di legarsi a me che sono poco più grande di lei, ma ho vissuto una vita giù lunga e piena di patimenti).

[42]   Autografo nell'Archivio della rivista La Civiltà cattolica. Pubblicata in I. Rinieri *Della vita e delle opere di Silvio Pellico*, Torino, 1898, secondo volume. Non è da pensare come potrebbe apparire dalla sequenza delle lettere che Pellico scrivesse all'amico e Maroncelli non gli rispondesse, questo effetto falsato deriva semplicemente dal fatto che le lettere di Pellico a Maroncelli sono conservate nella Bibliotca Comunale di Forlì e sono state consultate e pubblicate a partire dai primi del '900 da diversi studiosi, mentre le lettere dal Maroncelli al Pellico sono conservate (tranne quelle sequestrate durante il processo e quindi risalenti al 1820 che si trovano all'archivio di stato di Milano) in quello che è un archivio privato di difficile accesso e quindi non resta che rifarsi a quanto pubblicato a fine '800 dal Rinieri.

[43]   Credo che si tratti di un errore di trascrizione del Rinieri e che la duchessa sia De Broglie ossia Albertine De Stael sposata con il duca De Broglie e amica del Pellico e del Di Breme.

l'ambasciatore di Sardegna al Bosforo. Checco bramerebbe di poterla avere a Tolone (poste restante), seppure puoi calcolare che la gli giunga prima del dì 5 gennaio, giorno in cui farà vela: in caso contrario, tu gliela farai tenere laggiù, ma il più presto possibile, perché tu senti che una tal lettera gli varrà probabilmente la clientela di tutti gli italiani dell'ambasciata; il che gli darebbe e credito e utile.

Non v'è bisogno ch'io ti suggerisca, mio diletto Silvio, ciò che tu potrai dire del nostro buono e bravo Checco, ond'ei sia raccomandato soigneusement: così mi fido del tuo cuore fraterno.

Io aveva ricevuto e letto (il libro delle Mie Prigioni), anzi divorato prima della Duchessa, in una delle due copie che mi ài favorito, una per me, l'altra per Tassino.[44]

CAMILLO UGONI A PIERO MARONCELLI

[Parigi, 9 gennaio 1833][45]

Ti confesso di essere stato in Parigi; ma benché mi conservi sotto la definizione che Platone dà dell'uomo, non osai aggrapparmi su per la tua rupe, incerto poi di trovarti. Tu avesti

---

[44]   Il Tassino era secondo i soprannomi che si erano dati i detenuti politici in carcere Alexandre Andryane in quanto compagno di cella del Tasso che era Federico Confalonieri.

[45]   *Monsieur Piero Maroncelli rue de Rocher 23 bis*
        Autografo nel Museo del Risorgimento di Forlì. Pubblicata in Rassegna storica del Risorgimento del 1915, pp. 640-641.

nondimeno ottime ragioni per ripararti colassù, da dove toccherà ad altri farti discendere; quindi non ripeterò col volgo roco: Que diable va-t-il se grimper sur ce rocher ? E più oltre: - Io vorrei, caro Piero, che tu profittassi della presente o prossimissima tranquillità della tua nuova dimora, per ridurre in bella e chiarissima copia le tue poesie ; alle quali se avessi una critica da fare, direi che sono forse anche troppo poetiche, e però fanno un bel contrasto con quelle di oggidì, e danno un esempio di romanticismo inteso sanamente. Cosi ridotte, verrebbero poi in acconcio da presentarsi a quelle tanto bèlle discepole progenie di numi che otterranno al sì lodato carme del loro maestro, quello che il sì lodato carme di Parini non gli Ottenne mai. Lascio passare questa intensità di freddo, durante la quale non bisogna uscire dal nido, e poi verrò a picchiare al n. 32, ad abbracciarti, e a fare di molte chiacchiere insieme. Salutami molto la Principessa,[46] che andrò senza fallo a trovare alla prima tornata; e i Bettoni padre e figliuolo: e sia tu il loro spirito santo. Mi rallegro del collocamento del Dottore tuo fratello: ho udito che il posto sia buono, e a buon conto va in ottimo clima, e lascia a noi l'inverno...[47]

---

[46]   Senza dubbio la principessa Cristina Belgioioso Trivulzio di cui Maroncelli a Parigi frequentava il salotto.

[47]   Il fratello di Piero che si chiamava Francesco ed era un apprezzato medico dopo aver passato un periodo in esilio a Parigi aveva raggiunto prima Londra e poi Costantinopoli. Nello stesso periodo Camillo Ugoni gli scrivera la seguente lettera sempre conservata a Forlì: "Salutami Piero, La sua memoria mi torna spesso, nelle mie passeggiate solitarie e lo paragono a un pettirosso, che ha lasciato una gamba sull'archetto, per sottrarre il resto dai ceppi. Non si offenda di essere paragonato a un uccellino, egli che si alza a volo come un'aquila..."

PIERO MARONCELLI A SILVIO PELLICO

Parigi, 15 febbraio 1833[48]

Mio diletto Silvio,
eccomi finalmente a te, ottimo mio fratello, e consenti ch'io fra le moltissime cose ch'ò a dirti, cominci dalle più antiche, onde nella narrazione sia più ordine e meno confusione. Come ti dissi nella lettera della notte di Natale, io avevo consegnato a Chauvet la cassa che conteneva il mio ritratto ad olio, un ebdomadario ed un almanacco superbamente ricamato da Fraulein Schneider, un cordone da campanello, che pure è lavoro dello stesso genere, ed infine il miracoloso libro; quando il signor barone di Barante, che a giusto titolo tu chiami uno dei più gentili uomini del mondo, m'inviò la tua cara lettera, che m'autorizzava a consegnare a lui ciò ch'io potessi avere a spedirti. Corsi dunque da Chauvet per vedere se la cassa era partita: non lo era; vidi Barante, lo pregai del favore: accesso; ed ora è suo pensiero il farti pervenire sicuramente ogni cosa. Intanto diciamo chi è Fraulein Amalia Schneider. Compiesi un' anno in questi giorni, che un buon angiolo mi fece venire in contatto con questa divina fanciulla. Non è bella, non è brutta, ma è molto piacente. Adorna d'una educazione finissima, conosce perfettamente la patria letteratura germanica; ed in un anno à imparato la lingua francese ed italiana, in modo da fare stordire. Una bella voce di contralto era più fatta per cantare le

---

[48]   Autografo nel Museo del Risorgimento di Forlì. Pubblicata in *Rassegna storica del Risorgimento* del 1951, pp. 644-646.

sentimetali e prepotenti note della Pisaroni e della Mariani, che stridere ne' suoni di testa, di cui abbondano le opere tedesche. Scelse il canto italiano, ed ha fatto progressi straordinari, in virtù del suo genio per tutte le belle arti, più che per saggia e felice direzione che in esse abbia avuta. Il dirti che è nativa del ducato di Baden (precisamente di Lahr) ti rileva che le sue opinioni politiche sono liberali, allorché quelli da cui è circondata la costringono a pronunciare giudizio sugli eventi quotidiani d'Europa ; ma per educazione e per modestia, ella pensa che a vent'anni (come ella à), e più tardi, e sempre, sia indispensabile essere partigiana della giustizia, senza arrogarsi (almeno per ora) il diritto di alzare un vessillo, di proclamare un principio : cose ch'ella adora nel cuore, ma che lascia agli uomini. Nondimeno è capace del più alto devotamente (sic); e gli affetti di figlia, di sorella, d'amica sono per lei una religione: a sostegno, a difesa della quale, durerebbe, senza pensarvi, molte volte il martirio. L'ò veduta ne' giorni cinque e sei giugno {1832) tremare di spavento ad ogni colpo di fucile che s'udiva risonare dalla mischia lontana:8 io m'era presso di lei per la solita lezione di canto che le dò giornalmente mio fratello era a Londra; il mio servitore, forse per paura o altro, era sparito. ed io volli andarmene a casa solo. Ella pensò impedirmelo, e non potè: allora, senza che il sapessi, seguì i miei passi per le strade, avvolta nel suo velo; e poiché credette avermi protetto del suo sguardo fino sulla soglia, mi si mostrò: "ora diss'ella vi prego di farmi accompagnare indietro dalla portinaia". La prima volta che mi vide, e udì eh' io fossi e donde venissi, nella sua testina, e più ancora nel suo cuore pensò: sono i tedeschi cattivi che gli anno fatto male, e sta ai tedeschi buoni a pagargli questo debito; per me, comincerò certo a soddisfare la mia parte. Ò bisogno, caro fratello, di dirti

48

che l'amo assai, che ci amiamo assai, e che non sarò mai d'altra donna che di lei! Così potessi compire quel voto del mio cuore, facendola mia moglie domani! È protestante; * io cattolico: ma non abbiamo mai dissensione nella religione; ed il suo buon senso le fa capire tatti i pregiudizi che i protestanti muovono sulla nostra religione. La sua buona Madre, al partire di mio fratello per Costantinopoli, à consentito di prendermi a dozzina in casa sua: ove m'è assegnato il mio appartamentino separato; e così, per qualsiasi evento, sono almeno nelle braccia d'una famiglia ove mi può essere prestata quella assistenza che in un albergo non avrei mai ardito sperare né esigere.[49]

---

[49]   Piero Maroncelli si sposò in municipio a Parigi il 1 agosto 1833. Il certificato (non l'originale, ma la copia riscritta dopo l'incendio del 1871) è consultabile nel sito del comune di Parigi al seguente link:
        http://canadp-archivesenligne.paris.fr/archives_etat_civil/avant_1860_fichiers_etat_civil_reconstitue/fecr_visu_img.php?registre=V3E_M_0686&type=ECRF&&bdd_en_cours=etat_civil_rec_fichiers&vue_tranche_debut=AD075ER_V3E_M_00686_00601_C&vue_tranche_fin=AD075ER_V3E_M_00686_00651_C&ref_histo=38596&cote=V3E/M 686
        Nel certificato Piero è indicato come Pierre Maroncelli mentre la moglie come Schneider Ernestine Amélie.
        Probabilmente scelse di sposarsi solo civilmente perché egli era cattolico, mentre la moglie era protestante.
        In molte biografie di Maroncelli ho letto che si sposarono anche presso la a di chiesa parigina di St Roch. Ho fatto una rapida ricerca e ho visto che si tratta di una chiesa cattolica che si trova nel primo arrondissement e che venne danneggiata durante la rivoluzione francese e poi per un breve periodo sconsacrata:
        http://fr.wikipedia.org/wiki/%C3%89glise_Saint-Roch_(Paris)
        Da quello che ho letto relativamente al matrimonio di Albertine la figlia di Mad De Stael con il Duca De Broglie nel caso di un matrimonio tra una protestante e un cattolico era necessario ottenere una dispensa. In

SILVIO PELLICO A PIERO MARONCELLI

[Torino, 18 febbraio 1833][50]

Mio Piero, Nulla ancora di cio che m'averi indirizzato emmi pervenuto. Vedi un po' che non siasi smarrito. Scrivine a chi occorre. Ho letto nel "Temps" il gentile articolo che annuncia una traduzione delle mie Prigioni con una Prefazione e note di te. Quando quell'edizione sia fatta, regalamene subito una copia, e prega Mr de Barante di spedirmela. Vai tu qualche volta a salutare questo degnissimo uomo e la sua ottima famiglia ? Spero di si.
Allorché li vedi, porgi loro i miei cordiali ossequi. Se incontri in casa de Barante un tal Bellaguet, abbilo per amico. E nomo d'animo veramente gentile. La scossa estate fu qui, e ci siam molto conosciuti. Egli è pieno di stima per te, ed avrà caro che tu gli doni la tua.
Nella "Revue de Paris" del 10 febbraio: v'è un articolo di lui sulle mie Prigioni. Non lasciarmi si lungamente privo delle tue

---

questo caso infatti Albertine era calvinista, mentre il marito era cattolico e il matrimonio venne celebrato secondo questo rito.

Tornando a Maroncelli mi sembra quindi più probabile che abbia scelto il solo matrimonio civile visto che doveva imbarcarsi per gli Stati Uniti e quindi regolarizzare la sua posizione con Amalia. Si sposò infatti il primo agosto e il 24 agosto lascio la Francia.

[50]   *Monsieur / Monsieur Pierre Maroncelli / rue du Rocher, n° 23 (bis) / Paris*

Autografo rintracciato sul mercato antiquario:
http://www.interencheres.com/medias/83002/201403150055/resultats/resultats83002-201403150055.pdf

nuove, pensa che t'amo, e che l'amor nostro s'è rinforzato ne'ferri Mlle Amélie Schneider mi diceva in quelle quattro righe di cui m'onoro, che l'artritide ti tormentava. Dimmi come ora stai. Passa tu trovar modo di guarirne perfettamente di que' tristi dolori! La mia salute s'è alquanto fortificata ; la medicina che adopero si è une gran regolarità di vivere. Son moderato pupe nell'[ozio]. Ora lavoro a correggere alcune antiche mie tragedie. Fu, quindici giorni sono, recitata sulle nostre scene per la prima volta la mia *Gismonda da Mendrisio*. Fece furore per tre sere. Poi l'Ambasciatore di Austria reclamò, strepitò ed attenne che fosse proibita. Il destino de poveri nostri concaptivi ha (mi s'assicura) alquanto migliorato, ma non si parla di liberazione per alcuno. Bensi si spera che se le Potenze tratteranno colla Francia per liberare la duchessa di Berry, la Francia para abbastanza [sicura], da voler porre fra le condizioni l'obbligo all'Austria di graziare i prigionieri di stato. L'infelice Pallavicini[il marchese milanese Giorgio Trivulzio Pallavicino], per riguardo della sua rovinatissima salute fu tolto dallo Spielberg, e transportato nel castello di Gradisca. Dicono che oltre al male expetico che lo consuma, sia anche impazzito.[51] Le mie Prigioni sono dall'Austria proibite di primo catalogo, come dicono cola. Nondimeno la Lombardia n'e inondata. Addio, fratello amatissimo. Porgi i mici doveri a Mlle Amélie, e saluta tutti gli amici. Checco sarà

---

[51]   Su Giorgio Trivulzio come risulta dai rapporti dei medici del carcere pesavano due diagnosi pesanti quelle di tubercolosi e di sifilide: "Merita anche di essere ricordata la sifilide perché non solo alcuni condannati temettero di esserne affetti, per esempio Antonio Villa e Giorgio Pallavicini, ma anche perché essa fu per molto tempo una diagnosi di comodo." (Da Felisati, *I dannati dello Spielberg: un'analisi storico-sanitaria*, cit-., pag. 74)

a Constantinopoli. Passano essergli giovate le varie raccomandazioni che gli mandai ! Nessuno più di me gli augura fortuna ! Il mio Padre Boglino vuole ch'io ti saluti per lui. E un gran brav'nomo, un vero Cristiano. T'abbraccio strettamente e sono.

Il tuo Silvio

18 febbraio 1833

SILVIO PELLICO A PIERO MARONCELLI

[Torino, 2 aprile 1833][52]

[Non mi scrivere più con indirizzo al P. Boglino (per ragioni che non ti posso dire). Non dubitare per altro nulla a suo svantaggio, egli è uomo eccellente.][53]

---

[52]   *Monsieur / Monsieur Pierre Maroncelli / rue du Rocher, n° 23 (bis) / Paris*
     Autografo nella Biblioteca Comunale "A. Saffi" di Forlì (Fondo Maroncelli). Pubblicata in PEDRAGLIO, *Silvio Pellico*, cit., pp. 204-207.
     Il periodo relativo al Boglino manca nell'edizione curata dalla Pedraglio. Da altre lettere del Pellico emerge che il Boglino aveva avuto qualche contrasto con i superiori dell'ordine religioso a cui apparteneva. E' probabile quindi che il Pellico abbia preferito non creare altre difficoltà all'amico che già si trovava in una situazione delicata.
[53]   Tra una lettera e l'altra erano trascorsi alcuni mesi e nel frattempo Gian Gioseffo (o meglio Giovanni Giuseppe che era il suo vero nome nei documenti come risulta dai testi da lui catalogati tra gli anni '50 e gli anni

Fratello Piero carissimo

Prima di tutto un amplesso dei più cordiali che l'amicizia possa dare, in rimerito all'avermi scritto così lungamente e con tanta tenerezza. Poi subito un dissenso che mi rincresce, ma il quale è forza ch'io ti dia, circa le prime parole di quell'avviso al lettore, che dici avere intenzione di pubblicare. Io non devo essere nominato a proposito dell'effetto che il mio libro operò sopra l'imperatore. La mia autorità è nulla giacché non ho fatto se non dirti ciò che a me era stato assicurato. Ma chi me lo disse mi fece una confidenza, e sebbene l'abbia fatta ad altri, ed abbia potuto credermi in diritto di non tenermela, questo non porta che sia conveniente di pubblicarla nominandomi. Sarei anzi certo d'acquistare un nemico, e tal nemico che assai mi dorrebbe. - Il buon successo del mio libro in Italia è indicibile. Ma che? Edizioni a buon mercato furono fatte a Lugano, a Capolago, a Firenze ed a Livorno. Ed il mio libraio che m'avrebbe ancor dato qualche cosa, se avesse potuto fare una seconda edizione, non la fa più. Pazienza! - M'era noto il romore che levò anche in Parigi, ed il favore ch'esso libro ebbe presso codesta regina, e la troppa modestia dell'ottimo mio Mr de Barante. Godo che tu mi confermi tutto ciò, e che in occasione di quel libro tu abbia ricevuto qualche gentilezza, non solo pel grandissimo merito che veramente hai, ma anche perché amico del povero Silvio. Vorrei che quelle gentilezze durassero, e ti procacciassero un impiego di riposo. Lo desidero con tutta l'anima. Ma so quanto è difficile avere un

---

'60 dell'800 quando fu assistente bibliotecario presso l'università di Torino) Boglino aveva lasciato l'Ordine dei Filippini per contrasti con i superiori ed era andato a lavorare come segretario presso la contessa Eufrasia di Masino.

po' di fortuna. E se ti fossero ben note le mie circostanze, vedresti se lo so. - E qui ancora, diciamo pazienza! - Quanto son grato al bene che mi vogliono Madame de Montjoie, M.ʳ de Latour et M.ʳ de Trognon! Conosco la versione della mia Francesca, fatta da quest'ultimo. Certo, la serrata di mano che M.ᵉ de Montjoie per me ti diede, merita ch'io ne la ringrazi, e lo farò. E scriverò pure due righe ad Amalia[54] ed alle persone che m'accenni. - Non ti mando ritratti, perché dopo quelli che conosci, altri furono tentati, e la mia noja fu gratuita; nessuno mi somiglia davvero davvero, in tutti v'è bensì alcun che di me. Ora si sta facendo una medaglia di me a dispetto mio. Questa riesce benissimo, a quel che mi si accerta. Quando l'avrò te la manderò. - Tu sei il più delicato degli uomini, e non ti basta volermi dare qualche cosa del vantaggio che trarrai dall'edizione del mio libro tradotto e corredato colle tue note; vuoi anzi dichiarare che [ne] sono teco proprietario. Il cielo ti benedica. Provveduto che tu abbia al tuo interesse, accetterò ciò che la tua amicizia e la tua generosa coscienza ti moveranno a darmi. - Quell'ingegnoso uomo di Bettoni[55] pensa pur sempre cose lodevoli. Voglia il cielo che abbia modo di stabilire la tipografia propostasi. Esserne il direttore andrebbe eccellentemente per te. E tu, sempre desideroso di dividere con me ogni bene, come già le vicende ci fecero dividere insieme tanto male, - vorresti cedermi il Direttorato e farti mio vicario, e addossarti allegramente la fatica, e lasciarmi godere in beata pace la fortuna di starti vicino. Ottimo amico! Qual tentazione! Ma non posso. Bisogna ch'io viva accanto a' miei buoni

---

[54]   Amalia Schneider giovane cantante lirica di origine tedesca fidanzata di Piero Maroncelli.
[55]   L'editore bresciano Nicolò Bettoni.

genitori, che hanno bisogno di vedermi, come dell'aria per respirare. - Non occorre ch'io ti dica quanta parte io prenda a tutti gli affanni tuoi per campar la vita, e quanto duolmi la brutta scissura che mi partecipi, avvenuta fra Alessandro e te. Ma povero amico mio! come non vedesti chiaro come il sole, che una lettera corrucciata qual era la tua avrebbe corrucciato lui? Vedo che le tue circostanze t'affliggono duramente, e ti compatisco d'aver mancato di previdenza. Se ti fossi stato a fianco, ti giuro che avrei stracciato la tua lettera. Meglio era mille volte non avere alcun soccorso da lui, e non cessare di trattarsi con decenza, che portarlo a riprendere uno stile dispiacevole. La qualità di concaptivo richiedeva tutti i sacrifici di amor proprio e d'ogni altro riguardo, per mantenere, se non amicizia, almeno relazione non malevola. Torno a dirlo, ti compatisco, ed assai assai; né intendo già sgridarti. Ma ti do amichevolmente un po' di torto, e tu soffriti la mia schiettezza che è quella di fratello. - Or bada che, per parte tua, non s'accresca quello scandalo con pubblicità. Taci, dimentica, fa in santa pace le tue faccende, ed impara. Sono persuaso che, se hai scritto a Pauline, l'avrai fatto con espressioni convenienti di gratitudine e senza adirarti. - L'accusa che Alessandro ti dà del *goût pour la dépense*, sarà senza dubbio uno sbaglio suo. Procaccia, mio caro, di non lasciar luogo con alcuna apparenza a simili giudizi anche in altri. La riputazione di prodigo nocque tanto al mio povero Foscolo, e non sempre egli era prodigo. Talora anzi risparmiava il quattrino. Ma nessuno gli credeva. Per nuova prova di schiettezza ti confesserò che - a dritto e a torto - Alessandro non è il solo, a cui sia sembrato che tu non sappia abbastanza economizzare. T'assicuro che su ciò, presto assai più fede a te che agli altri. Il mondo è crudelmente temerario ne' suoi giudizi. Io l'ho imparato sovr'altre cose per conto mio. Tu imparalo sovra questa, per conto tuo. - Ti raccomando, quando scriverai a Pauline, se non l'hai fatto ancora, d'usare quella nobile calma che fa dar ragione. E sarà bene che tu non t'affretti, e le scriva soltanto, come appunto dici, allorché potrai mandarle i 300 franchi.

Dì al caro Bettoni (al quale scriverò) che se gli piace mettermi nel catalogo de' collaboratori dei suoi elogi, pel solo nome, ma senza realmente aspettarsi ch'io lavori, è padrone; ma che davvero non avrò tempo di far nulla. Salutamelo tanto. - Del pari dirai agli estensori dell'*Esule*, ma (bada ed arcibada!) a condizione che sia propriamente un giornale letterario e non politico. Che se avesse il carattere guerresco e carbonico della Giovine Italia di Marsiglia, nego assolutamente che mi si annoveri nel catalogo. Pensa dov'io sono.

M'è carissima la contezza che mi dai di M. elle Amalia. E poiché hai sì dolci motivi d'essere invaghito della sua grazia e della sua virtù, ne sono invaghito anch'io. Quando e dove avr'io il bene di vederla e di riveder te? Qui a Torino secondo il bel pensiero di M. De Barante? Ma t'abbisognano, mio povero Piero, 3000 lire ed io sono ignaro più di te del modo di trovarle. Il peggio si è che non ho la minima specie d'autorità ad ottenerli da Milano. Bensì se tu volessi scrivere colà al fratello di Teresa,[56] senza nominarmi, io potrei fargli avere la tua lettera. Chi sa che tu ottenessi ciò che brami? Non ti dico ch'io speri molto. Non ho alcun dato per questo. Fa come il cuore t'ispira. Se tu sapessi quanto spaventoso sia il numero di que' liberali italiani esuli e non esuli che i tempi hanno gettato in angustia, ed i quali chiedono ajuto a dritta e sinistra. - e più a

---

[56]   Probabilmente il conte Gabrio Casati, fratello minore di Teresa Confalonieri.

que' ricchi che in Italia hanno un tantino voce di liberali, - capiresti che, per necessità, sono molti quelli che non ottengono risposta e che ricevono dolorose ripulse. La mia mediazione e qui a Torino ed altrove, è già stata inutile a parecchi. Per tua norma t'avverto che il fratello di Teresa ed Alessandro sono fra loro in amichevole relazione. Ben intendi che si possono quindi temere prevenzioni contrarie. - A quest'ora debb'essere partita da Parigi la buona famiglia de Barante. Mi recherà, m'immagino, i tuoi cari doni, e quante cose tutti quei nobili cuori mi diranno di te! - Tornando alle *mie Prigioni* tradotte colle note tue, sappi che qui saranno proibite. Ciò è già stato dichiarato; lo so positivamente, e te lo dico in confidenza. Troverò io quindi gente che [...]. Vedremo. - I rigori di censura sono cresciuti fin nella stessa Toscana, ed abbine prova l'essersi l'altro dì proibita l'*Antologia*; cosa che rincresce a tutta Italia, perché pure quello era il nostro miglior giornale. - tu ora avvezzo alla molta libertà di Parigi, stenterai a metterti ne' nostri panni, ed a farti un'idea giusta de' mille riguardi, non punto vili, ma necessitati, da aversi, - oltre i riguardi vili che sempre in abbondanza si hanno. Il tuo caro letterone mi fu dato, ma aperto. Perché inviarmelo per la Posta? Vedendo [una cosa voluminosa], tanto più vien la libidine agli scrutatori di leggere. Non [v'è gran male] che l'abbiano letto, ma pur m'incresce che imparino tutti gli affarucci nostri, grati ed ingrati. - L'ottimo Padre dell'Oratorio ti risaluta con grande amore. - Saluta per ora l'egregia nostra Amalia. Un altro dì ti manderò tutte le letterine che brami.
Ringrazia particolarissimamente Mr de Latour[57] dell'onore che mi fa e della prova d'amore ch'ei dà a te ed a me, e riveriscilo.

---

[57]   Lo scrittore francese Antoine De Latour, traduttore de *Le mie*

Porgi i miei omaggi a Mad.^{e} de Montjoie, a Mr de Trognon, a tutte coteste belle anime che ci vogliono bene. - Abbraccia per me Bettoni, Scalvini[58] e gli altri amici. - T'abbraccio più strettamente che non abbraccio alcun altro. Addio. Presto ti riscriverò. Sta bene, e fatti sempre amare dai buoni, ed evita quanto più puoi le malevolenze: Che ne sono gravi la molestia e il danno. –

Torino, 2 aprile 33

Tanti mi dicono di salutarti, fra gli altri la famiglia del nostro infelice Santarosa.

GIOVANNI ARRIVABENE A PIERO MARONCELLI

[Bruxelles, 22 aprile 1833][59]

---

prigioni.
[58]   Giovita Scalvini (Brescia 1791-1843) Contrastato dalla famiglia nella sua passione per la letteratura, dopo la morte del padre e del fratello, accettò per necessità economiche di collaborare alla *Biblioteca Italiana*, prima come redattore e poi come segretario di redazione, nonostante gli orientamenti della rivista fossero in contrasto con le sue idee politiche. Nel 1819 lasciò per protesta la *Biblioteca Italiana* e si avvicinò agli scrittori che avevano collaborato al *Conciliatore*. Arrestato nel 1821 (a causa di una lettera compromettente trovata in casa di Giovanni Arrivabene), dopo essere stato scarcerato, andò in esilio prima in Svizzera e poi in Francia. Tornato in Italia nel 1839, morì di tisi nel 1843. I suoi scritti più importanti sono il *Saggio sui Promessi Sposi di Manzoni* e il poemetto *Il fuoriuscito*, pubblicato postumo. (L. BALDACCI (A CURA), *Poeti minori dell'ottocento*, Milano, Ricciardi, 1958, pp. 57-58).

La tua lettera m'è stata consegnata pochi minuti prima di partire da costì (Parigi), e mi fu impossibile il rispondere ad essa da costì.

Ti ringrazio delle tragedie di Pellico,[60] e le accetto in dono. Come tu credi adempiere le intenzioni di lui, offrendole, io credo pure adémpierle, accettandole. La litografia non era nell'involto; se ne avrai una disponibile, me la manderai qui, spero; poiché mi sarebbe caro possedere l'effigie di persone a cui sono legato per tanti vincoli di sventura.

Farò il possibile di collocare qui e in Inghilterra degli esemplari di tragedie; ma, mio Dio, questo è paese dove si fa di tutto, tranne il studiare. Ho portato meco un esemplare della tua traduzione delle Prigioni.[61]

Baudry[62] me lo mandò pochi momenti prima della mia partenza. Sono corso con occhio timido alle note, e non so se

---

[59]   Autografo nel Museo del Risorgimento di Forlì. Pubblicata in *Rassegna storica del Risorgimento* del 1915, pp. 643-644.

[60]   Penso che si riferisca alle tre tragedie del Pellico pubblicate a Torino nell'autunno del 1832 dall'editore Bocca.

[61]   Il riferimento di Arrivabene non sono riuscita a capire se è un errore (Arrivabene credeva che la traduzione l'avesse fatta Maroncelli e invece l'aveva fatta Antoine De Latour) oppure se si tratta di un'altra edizione de Le mie prigioni. Sono andata a fare una ricerca nell'opac sbn ed ho trovato diverse edizioni de Le mie prigioni stampate dall'editore Baudry tra il 1833 e il 1840. A questo punto il mio dubbio però rimane perché nell'opac sbn ho trovato anche l'edizione tradotta dal De Latour con le note di Maroncelli stampata non da Baudry, ma dall'editore Fournier. Ho trovato inoltre nello stesso anno un'ulteriore edizione tradotta da tale C. Dalause e pubblicata dall'editore parigino Vimont. Probabilmente visto il successo del libro vennero pubblicate nel 1833 contemporaneamente più traduzioni dell'opera del Pellico da diversi editori parigini.

debba ringraziarti, o lagnarmi teco della pittura troppo favorevole che fai del mio carattere. Ciò farà che io non potrò indicare il libro ad alcuno; e sol farei, quanto all'esemplare che posseggo, per assecondare i tuoi desideri; sebbene, purtroppo, siano già vani. So che rari esemplari sono stati ordinati; e se i librai di qui non ristampano la tua traduzione, sarà per tutt'altro motivo fuori che per non averne avuto notizia. E perciò il progetto che fai non è eseguibile.

Ti ringrazio anche dell'esemplare dell'*Esule*[63] esso, né le tragedie potei portar meco: quindi non l'ho letto; quando l'avrò e sarà fra quindici giorni, lo leggerò e te ne dirò il mio parere. So che alcuni hanno trovato i tuoi articoli, strani, ma per alcuni tutto ciò che esce dalla rotaia comune, è strano. Sebbene divisi da 80 leghe di spazio, mi pare di esserti vicino; e le occasioni di vederci e di scriverci non mancheranno. Disposto a servirti in ciò che posso, mi dico frattanto

l'amico e comprigioniero[64] tuo aff.mo

Giovanni Arrivabene[65]

SILVIO PELLICO AD AMALIA SCHNEIDER

---

[62]   Editore parigino che ha pubblicato molte opere di autori italiani tra gli anni '30 e gli anni '40 dell'800.
[63]   L'Esule era la rivista degli esuli italiani a Parigi. Usciva in italiano con cadenza mensile.
[64]   Durante il periodo del processo Arrivabene e Maroncelli avevano passato alcuni mesi nella stessa cella.
[65]   Piero Maroncelli e Giovanni Arrivabene erano stati per un periodo rinchiusi nella stessa cella nella prigione di S.Michele a Venezia nel 1821.

Mademoiselle
Mon ami Pierre me parle avec tant d'estime et de
reconnaissance de Vous, Mademoiselle, qu'il faut bien aussi
que je vous aime. Vous êtes un Ange de bonté! Que la
Providence est admirable d'avoir conduit ce pauvre martyr à
vos cotés ! Vous douces vertus charmant ses malheurs. Cette
idée me console, car cet'ami est un autre moi-même
Serait-il possible, Mademoiselle, que vous vernissiez bientôt à
Turin avec lui ? Hélas! je crains que ce ne soit qu'un beau
rêve ! Pourtant je ne veux pas désespérer. Que je serais
heureux de pouvoir vous dire à l'oreille – vraiment à l'oreille –
tout ce que mon noble ami m'a dit de vous! – Je n'ai pas
encore revu le précieux don que vous avez daigné me faire. –
Agréez, en attendant, mes hommages respectueux, et veuillez
aussi les présenter à Mad. Votre Mère. Je suis de tout mon
*cœur votre Silvio Pellico*⁶⁷

---

⁶⁶   *Mademoiselle / Mademoiselle Amélie Schneider*
Autografo nella Biblioteca Comunale "A. Saffi" di Forlì.(Fondo
Maroncelli). Pubblicata in Rassegna Storica del Risorgimento del 1918, p.
719.
⁶⁷   Traduzione: "Signorina. Il mio amico Piero mi ha parlato con tanta
stima e riconoscenza di voi da far sì che anche io vi ami. Voi siete un
Angelo di bontà. Che la Provvidenza è stato ammirabile nel condurre questo
povero martire ai vostri piedi. Le vostri dolci virtù mitigheranno le sue
sofferenze (sfortune). Questa idea mi consola, perché questo amico è un
altro me stesso. Sarà possibile, Signorina, che voi veniate presto a Torino
con lui? Purtroppo io credo che non sarà che un bel sogno! Tuttavia io non
voglio disperare. Perché sarei felice di potervi sussurrare (dire) ad un
orecchio - veramente ad un orecchio- tutto quello che il mio nobile amico
mi ha detto di voi. Io non ho ancora ricevuto il prezioso dono che voi vi

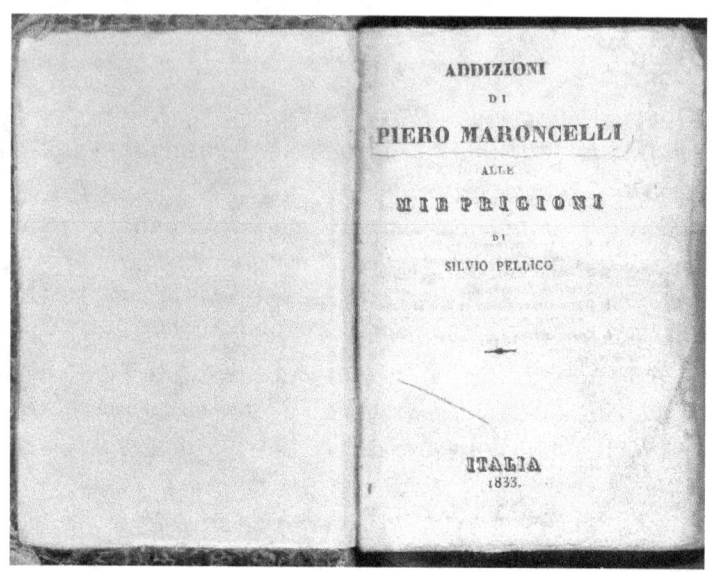

Pubblicate per la prima volta a Parigi nella primavera del 1833 le Addizioni di Piero Maroncelli vennero ristampate nello stesso clandestinamente anche in Italia, come dimostra il frontespizio di questa edizione rintracciata sul mercato antiquario.

SILVIO PELLICO A PIERO MARONCELLI

[Torino, 12 maggio 1833][68]

---

siete degnata di fare. Accettate nell'attesa i miei rispettosi omaggi e vogliateli presentare anche a vostra Madre. Io sono con tutto il cuore il vostro Silvio Pellico."

[68]   Autografo nella Biblioteca Comunale "A. Saffi" di Forlì. (Fondo

Mio caro Piero

[Tu conoscesti di vista, e molto di nome, la signora Bianca Milesi, giovine che non aveva pari in Milano per tutte le più pregevoli qualità. Ti ricorderà che spesso in prigione ne parlammo. Ti ricorderà che fra i suoi amici era Melchiorre Gioia.[69] Ella occupavasi allora distintamente di pittura, di lettere, di filosofia. Prese poi per marito il Dr. Moyon di Genova, medico valente. Or vanno a stabilirsi a Parigi, e ti vogliono conoscere. Tu godrai di vedere in essi, una degna coppia che onora l'Italia.]

La tua edizione delle mie prigioni, in francese, è qui talmente proibita, e così rara, che non potei ancora, se non averne per poche ore, un esemplare. Diedi una scorsa alla traduzione di M.^r De Latour, della quale fui contentissimo e lessi per intero le

---

Maroncelli). Pubblicata in PEDRAGLIO, *Silvio Pellico*, cit., pp. 207-208.

Il primo periodo della lettera in cui si parla della vita e degli studi di Bianca Milesi manca nell'edizione curata dalla Pedraglio. La Pedraglio non specifica neppure che la lettera non è l'originale scritto dal Pellico, ma è una trascrizione fatta dalla poetessa americana C. M. Sedgwick, amica di Piero Maroncelli.

[69]   Melchiorre Gioia (Piacenza 1767 – Milano 1829) Ordinato sacerdote nel 1793, venne incarcerato per le sue idee giacobine. Dopo la liberazione si trasferì a Milano, abbandonò il ministero sacerdotale e fondò assieme al Foscolo la rivista il *Monitore italiano* che venne soppressa dopo pochi mesi. Nominato direttore dell'Ufficio di Statica della Repubblica Cisalpina, dopo la caduta di Napoleone continuò a dedicarsi a studi di economia e di statistica, pubblicando *Il nuovo prospetto delle scienze economiche* e *Filosofia della statistica*. Arrestato nel 1820 a causa della sua amicizia con il conte Porro Lambertenghi venne liberato l'anno successivo. Morì a Milano nel 1829, confortato dell'amicizia della scrittrice Bianca Milesi. *(Dizionario biografico degli italiani*, s.v. Gioia, Melchiorre).

tue note, e la prefazione di esso, che pure infinitamente mi soddisfecero. Il maggior difetto di questa prefazione, si è di parlare un po' troppo vantaggiosamente di me, ma non tocca a me lagnarmene. Evvi poi in essa qualche piccola inesattezza, che in una seconda edizione ti pregherò di far correggere. Le note sono del pari, benissimo fatte, e quali io me l'aspettava da te, scevre d'esagerazione e d'invettive.

Addio, carissimo. Non mi scrivere per la posta. Siamo in tempi sciagurati, in cui le più innocenti cose mettono sospetto. L'ottima signora Bianca Moyon ti dirà quanto io t'ami. Ma già tu lo sai. Abbi cura della tua preziosa salute. T'abbraccio con tutto il cuore. tante cose ad Amalia e a tutti gli amici.

Silvio tuo

Torino, 12 maggio 1833

[Copia conforme Piero Maroncelli 1° gennaio 1834 New York Catterinetta Sedgwick scrisse]

BIANCA MILESI MOJON A PIERO MARONCELLI

[Parigi, maggio 1833][70]

Sono venuta in persona a portarle la lettera del silo caro amico.[71] Desidero molto far la sua conoscenza. Io sarò a casa fino alle

---

[70]   Autografo come la lettera seguente nel Museo del Risorgimento di Forlì. Pubblicata in *Rassegna storica del Risorgimento* del 1951, pp. 61-642.

[71]   La lettera che Pellico aveva preferito affidare ad una persona

dieci di mattina, domani e doman l'altro. Gradisca gli ossequi del D.r Mojon che è venuto meco per recarle la lettera.

Sua dev.a Bianca Milesi Mojon.

BIANCA MILESI MOJON A PIERO MARONCELLI

[Parigi, maggio-giugno 1833][72]

Caro sig. Maroncelli: Le sarò grata di molto s'ella vorrà venire da me entro tutto domani, sia pure di giorno o di sera. Se non potesse domani, venga doman l'altro sera. Bramerei aver risposta pel noto manoscritto, e nel tempo medesimo comunicarle una lettera d'Italia, che contiene a un incirca una richiesta analoga; se non che si tratta di far stampare musica, e a profitto, del compositore. Più assai che per codeste cose, io desidero vederla per aver il bene di conversar seco, cosa che in breve pur troppo mi sarà negata dal destino che la toglie d'Europa.

Accolga i miei saluti e rispetti cordialissimi.

---

fidata come Bianca Milesi invece di spedirla per la posta con il rischio che prima di giungere a destinazione venisse aperta e letta.

[72]   Girando tra le riviste storiche di fine '800 / inizio '900 grazie alle possibilità offerte da google libri ho rintracciato questa interessante lettera di Bianca Milesi al marito, datata Torino, 13 maggio 1833: "Eccoti, l'ultimo addio dall'Italia. Parto domani alle 5.00 e sarò il 19 a Ginevra. Ho qui veduto il caro Pellico. Fin quattro visite in un giorno egli mi ha fatte! Quanto piangere! Quanto parlare di te! Ho fin sbollito il pieno in materie religiose. Ho veduto le sale d'asilo pe' bimbi dai tre ai sei anni. Che sudiciume! Però meglio che in strada."

Bianca Milesi Mojon.

ANTOINE DE LATOUR A PIERO MARONCELLI

[Parigi, luglio 1833][73]

Mon cher Monsieur,
je vous apprenda que la traduction de Silvio Pellico est
adoptóe per le Ministre de l'Instrution Publique, pour étre
donnée en prìx dans les colléges. Quand on est à l'index en
Piémont,[74] il est tout naturel qu'on soit propose pour modèle en
France. Ecrivez cela à notre ami {Silvio}: il en sera heureux.[75]
                                                   Tout à vous A. De Latour

SILVIO PELLICO A PIERO MARONCELLI

[Torino, 1 agosto 1833][76]

---

[73]   Pubblicata in *Rassegna storica del Risorgimento* del 1915, p. 644.
[74]   A causa delle Addizioni di Piero Maroncelli il libro di Pellico era
finito tra i libri messi all'Indice dall'autorità ecclesiastiche.
[75]   Traduzione: "Mio caro Signore, io vi informo che la traduzione di
Silvio Pellico è stata adottata dal Ministero della Pubblica Istruzione per
essere data in prestito (in lettura) nei collegi. Il fatto che è stata messa
all'Indice in Piemonte rende naturale che venga proposta come modello in
Francia. Scrivete (informate) di questo il nostro amico Silvio che ne sarà
felice.
       Tutto vostro Antoine De Latour"

Mio Piero.

Tre anni fa a quest'ora (le 9) eravamo nella casa Tigellesca, tu, io e Tonelli, mezzi fra contenti e stupiti d'esser fuori dell'orribil rocca e [tra] funestati da nuove inquietudini. Non dovrei dirmi felice paragonando il mio stato d'oggi a quello d'allora? Esco adesso di casa de Barante ove ho pranzato e passato un bel pezzetto di sera, ed ove oltre le solite gentilezze ho avuto il piacere di rivedere i tuoi amati caratteri, portatimi dal figliuolo maggiore del barone. Ei fu pure portatore delle tue aggiunte e del libro di Poesie sulla Vie intime di Mr de Latour, le quali cose or vengono dapprima lette da quella buona famiglia. Le vedrò poscia ed allora te ne parlerò. Comincerò col ringraziarti del viglietto valente 800 lire, alla fine di dicembre, che con mia ammirazione trovo nella tua lettera. Non mi pareva dalla tua precedente ch'io mi dovessi aspettar nulla, stante le barbare astuzie del tuo editore; ed eccomi deluso assai caramente; e tanto più caramente ché non mancava di disgraziette neppur io, e molto seccavami l'udirmi tutto giorno assordato da congratulazioni per l'immenso spaccio delle mie Memorie in Francia e pel nobile guadagno che tutti erano certi io facessi, ed invece rimanermi squattrinato. Or tu mi rendi un po' di sorriso; - se non che... la firma di quel biglietto mi lascia un tantino di paura. Tu sai al par di me che uomo d'eterni pasticci e di difficile pagatura sia quell'industre ed immaginoso galantuomo.[77] Non per mala volontà, ma pe'

---

[76]   *Monsieur / Monsieur Pierre Maroncelli / rue de Provence, n° 65 / Paris*
    Autografo nella Biblioteca Comunale "A. Saffi" di Forlì.(Fondo Maroncelli). Pubblicata in PEDRAGLIO, *Silvio Pellico*, cit., pp. 209-211.

troppi e non sempre felici suoi affari. - Dio voglia che alla fine di dicembre!... Basta. Fidiamoci; - e tu spiegami come quella carta abbia a diventare denaro. - Oh amico mio! Se tu sapessi quante contrarietà non cercate, ineluttabili, molestissime sono venute affliggendomi! E ben te ne sarai avveduto dalla precedente mia lettera, ch'era assai triste. Ma è inutile ch'io ti parli di ciò. Sovvengati solamente, quando pensi a me, che, mentre m'arrivano applausi da tutte le parti d'Europa, io sono sempre nondimeno un povero mortale tribolato, più che molti non s'immaginerebbero; - e tuttavia non è malagevole immaginarselo. E sì, mio caro, che non sono scarso di pazienza, né immemore d'invocare Iddio, unico efficace sostegno de' tribolati, né ignaro della sua perenne assistenza. Ma chi si rassegna a patire afflizioni, pur le patisce; - ed è perdonabile se ne fa cenno parlando all'amico.[78]

---

[77]   I timori del Pellico erano fondati perché una lettera del 1834 ad un nobile torinese diretto a Parigi e amico dello scrittore dimostra che nella primavera dell'anno dopo Pellico non era ancora riuscito a riscuotere quanto gli spettava e probabilmente a causa dei guai finanziari di Bettoni i suoi soldi andarono persi definitivamente se alcuni dopo informa De Latour che non ce l'ha con Maroncelli anche se la lontananza ha reso più difficile tra loro la comunicazione delle rispettive esperienze e la possibilità di confidarsi reciprocamente oltre al fatto che l'amico nonostante tante belle promesse non è mai riuscito a fargli avere quanto gli spettava di diritto per l'edizione francese delle sue Memorie.

[78]   Probabilmente a Pellico pesava di non avere che guadagni scarsi e altalenanti dalle sue opere letterarie nonostante il loro successo a livello europeo e le lettere di ammirazione e stima che riceveva in quel periodo, oltre al fatto che Pellico potrebbe anche alludere a delusioni sentimentali, il 1833 è l'anno del matrimonio di Gegia con un benestante signore toscano, ma anche l'anno della rinuncia dello scrittore a sposare la poetessa inglese Mary Louise Boyle che si era offerta di consolarlo delle sofferenze patite in

Or non vorrei che avessero ragione taluni, i quali dando un'occhiata alle tue aggiunte, scrollarono la testa, e mi dissero che avevi passata la linea della moderazione, e che passandola rischiavi di nuocere ai nostri compagni di Spielberg e ad alcune delle guardie che nomini con maggiori particolarità. Non ebbi campo di leggere ancora, e bramo ardentemente che tu non sia caduto in quell'errore. Ognuno ha il suo modo di vedere e non mi sorprenderebbe che, - sebbene amicissimi - tu ed io differissimo in parecchi giudizi. - Io nelle mie Memorie ho pubblicata la storia, meno qualche lacuna, di ciò che soffersi in dieci anni di carcere, ma non mi lasciai sfuggire una parola di diretto rimprovero a chi ci trattò con sì spaventosa ira. Operai così, e per non esacerbare il potente contro i nostri compagni, e perché veramente sono persuaso che anche la spaventosa ira d'un potente ha circostanze che la escusano, non si sa fino a qual segno. - Avrei approvato che tu empissi certe mie lacune, ma avrei bramato che tu non ti movessi mai a quella pienezza di sdegno che accresce odio in chi se ne sente percosso. Mi si dice che questo forte sdegno si manifesti or da te. - Se così sarà, dorramene assai, e non lo tacerò all'amico Piero. - Ho speranza che quella tua cassa rimessa tanto tempo fa ai Barante, contenente il tuo ritratto carissimo ed i carissimi lavori d'Amalia, non tarderà più molto. La fatalità ha voluto che rimanesse indietro con altre casse, le quali però s'aspettano da un dì all'altro. - Mad.^ella Kraus[79] spedirà sabato la tua lettera per Carlotta. Questa buona Carlotta, a cui voglio gran bene, non mi risponde più da gran pezzo. Ignoro il perché. -

---

carcere.
[79]   Mlle Kraus è stata una cantante lirica attiva nei teatri francesi dell'800 come si può rilevare da una rapida ricerca nelle riviste dell'epoca.

Il tuo fausto e da me benedettissimo matrimonio quando s'effettuerà? E la partenza per New-York è vicina, o lontana? Informamene. Mad.^{elle} Kraus m'ha detto tanto tantissimo bene di Amalia tua e di te. M'incarica di salutarvi e dirvi che non vi dimenticherà mai. Addio. Abbraccia per me la cara tua sposina. Riverisci il gentile Mr de Latour e ringrazialo della *Vie intime* che leggerò con molto piacere. Saluta tutti gli amici. - T'ho scritto in fretta, perché il giovane de Barante m'ha detto ch'io ti rispondessi subito. - Torna presto a scrivermi, e dimmi che cosa io debba fare di quel viglietto di 800 lire - per qual mezzo convertirlo in sonanti. - Addio. T'amo, fo voti per la tua felicità, e sono il tuo fratello Silvio.

Torino, [1°] agosto, 33

Io aveva già veduto dai giornali l'onore fattomi dall'università di Parigi. Puoi credere se ne sia contento. E vieppiù grande quindi ecco la vendita del libro.

SILVIO PELLICO A PIERO MARONCELLI

[Torino, agosto 1833][80]

Fo i più ardenti voti, perché tu e la bella nostra Amalia prosperiate a New-York, e dopo pochi anni ritorniate ricchi, od

---

[80]   Autografo nella Biblioteca Comunale "A. Saffi" di Forlì.(Fondo Maroncelli). Pubblicata in PEDRAGLIO, *Silvio Pellico*, cit., pp. 208-209.

almeno agiatetti, in compagnia di due creaturine, *Mannlein und Weiblein*, che v'assomiglino in bontà. Senza ch'io disturbi alcuno a rappresentarmi alle tue nozze, vi sarò in ispirito; e se vuoi che una bocca ti dia un bacio per me, ne do l'incarico ad Amalia - e la bocca che bacerà Amalia per parte mia sia la tua. Amatemi ed amatevi, ed io vi corrisponderò eternamente. Ti sovvenga, ch'io t'avea predetto, che troveresti una donna che t'amerebbe e t'ispirerebbe amore, e colla quale ti mariteresti. Siccome so che il tuo animo è gentile e m'assicuri essere gentile quello di lei, ho fede che non vi mancherà mai la virtù d'essere amabile uno all'altro. Congratulazioni dunque ed augurii con tutta l'anima!

Quando partirai? - Spero che mi scriverai prima.

Abbraccia teneramente e rispettosamente la cara tua sposa per me. Riverisci M. de Montjoie, M. de Trognon e [M.][81] de Latour, le cui lettere sono per me di gran pregio.

Addio, carissimo. Sono colla più viva amicizia [...]

SILVIO PELLICO A PIERO MARONCELLI

[Torino, 7 novembre 1833][82]

Carissimo Piero

---

81   Il biglietto è strappato sia in questo punto sia nella parte finale.
82   Autografo nella Biblioteca Comunale "A. Saffi" di Forlì.(Fondo Maroncelli). Pubblicata in PEDRAGLIO, *Silvio Pellico*, cit., pp. 209-211.

Un gentile signore ha la bontà di dirmi che ha un'occasione per New-York. Prendo subito la penna per ridirti che t'amo, ed amo la tua degna compagna, e voglio che m'amiate sempre. Soltanto un mese fa, mi giunse finalmente quella benedetta tua cassa col carissimo tuo ritratto ed i magnifici lavori dell'ottima Amalia. Oh quanto piacere tutto ciò mi recò! Il tuo ritratto è bello e ti somiglia. E' sempre lì innanzi a' miei occhi. Que' lavori sono anche lì, ed ogni volta che volgo lo sguardo a questi ed a quelli mi si rinnova con gran tenerezza la rimembranza della tua soave amicizia e de' comuni dolori, e la brama che tu ed Amalia e tutti i vostri cari siate felici. - Mi dicono, che codesto paese è buono. Prego il cielo che tu abbia ad esserne contento e vi faccia fortuna. Io, con tutta la mia famiglia, stiamo bene. Vivo al solito con essa, e poco nel mondo, e molto co' miei studi. Mi sono convinto che i malevoli sono [...][83] molestato da loro, bisogna [...] sinceri sono in picciol numero [...] piene d'ipocriti e di furenti.

Non ho ancora esatto il tuo viglietto su Bettoni, lo manderò in questi giorni a Parigi. - Dal Pozzo, non so perché, (io non l'aveva mai offeso) ha scritto contro me, non con violenza, ma tuttavia cercando di screditare il mio libro. - Chautebriand non ha scritto, ma minaccia, e predica ne' saloni contro me. Dicano e facciano tutto quello che vogliono.

Il mio partito è preso: di non rispondere mai ad alcuno di coloro che di me sparlano. S'immaginino ch'io sia tutto ciò che vogliono. Il mio desiderio si è d'essere schietto in faccia a Dio che mi vede nel cuore, e procacciare di migliorare davvero. Il vangelo e la chiesa cattolica sono sempre la mia unica filosofia.

---

[83]   La lettera presenta un taglio netto di tre righe, un taglio preciso come quello che potrebbe essere fatto con una forbice.

E qui trovo pace! qui unicamente! Avrai letto il bel libro di Thomas Moore in apologia del cattolicesimo. Nulla di più trionfante. - Ma debbo cessare. - Addio, mio diletto. Sei tu disingannato, siccom'io, di tutte le rabbiose faziose? Credi che in esse l'onest'uomo è sempre raggirato dai fanatici, sconsacratori vergognosi d'ogni stendardo. Lasciale tutte. Vivi per Dio, per la verità, per la ragione, e pe' tuoi cari, e non agitarti fuori dal circolo ove puoi essere felice e far felici altri. T'abbraccio, e t'amo.

Riverisci tua moglie, ringraziala tanto tantissimo per me. Addio.

Torino, 7 nov.ᵉ 33

PIERO MARONCELLI A SUA MOGLIE AMALIA

[New York, 23 aprile 1834][84]

Dammi buone nuove di tutte le cose del teatro. Visita e cura molto, moltissimo tutti i buoni amici che ho lasciati: raccomandami alla loro memoria, pensa a me, amami ed abbi coraggio… Scrivimi molto ed ogni giorno perché non avendo il bene di possederti non mi resta che quello di leggere le tue care lettere.

---

[84]   Pubblicata in *Piero Maroncelli. L'itinerario di un romantico dalla Carboneria al Fourierismo nell'età della Restaurazione*, Forlì, 1997, p. 115.

Sai che tu scrivi come un angelo? Sai che la tua prima lettera è un capo d'opera di tenero affetto, d'ingenuità, di carattere femminile? Sai che t'apprezzo molto più, dacché sei stata capace di sentire e stendere i concetti che si contengono in essa? O h come la leggo e rileggo sovente! Oh come vo altero di possedere il cuore della donna che sa amare così.

Scrivimi, scrivimi perché non ò altra consolazione che le tue lettere. Se tu sapessi come sono triste, lungi da te! Non ho il coraggio né voglia di presentarmi in alcuna società ove avevo abitudine di comparire al tuo fianco e protestare al mondo: ecco la donna forte che à steso graziosamente la sua mano per sollevare l'uomo senza sostegno.

SILVIO PELLICO A PIERO MARONCELLI

Torino, 5 ottobre 36[85]

Carissimo Piero

Finalmente ho dunque nuove di te, grazie alla venuta del sig. Ticknor a Torino. Egli m'ha recato soltanto ora la tua lettera del maggio 1835, avendo egli sinora perigrinato fuori d'Italia. Ed insieme colla tua lettera, m'ha recato un'esemplare della versione delle *Mie Prigioni*, fatta da M.ʳ Norton a Boston e pubblicata a tuo profitto. Il signor Ticknor m'ha detto che la tua sorte non è cattiva, essendoti facile costà aver lezioni e

---

[85]   *Signore / Piero Maroncelli / New-York.*
      Autografo nella Biblioteca Comunale "A. Saffi" di Forlì.(Fondo Maroncelli). Pubblicata in PEDRAGLIO, Silvio Pellico, cit., pp. 211-214.

campare convenientemente. Ei m'ha raccontato il mal esito del teatro in cui avevi preso la direzione dei cori. Duolmi che tale impresa non t'abbia prodotto gli sperati vantaggi. Pare tuttavia che tu abbia fatto bene a trasportarti in codesti paesi. Mi si dice che in Parigi la miseria degli esuli cresce per la copia loro, e per la gran quantità d'Italiani non degni del loro nome, che nuocciono a sé e agli altri. Intendo altresì essere la scienza della musica, professione assai più lucrosa in codesti stati americani che in Francia, ove i competitori sono infiniti. Fosse vero tutto ciò, e potessi tu scrivermi che sei fortunato! Nella lettera che ho dinanzi agli occhi tu mi dici che nol sei. Questa parola mi affligge. Voglia il cielo che dappoiché l'hai scritta, le tue faccende prosperino ed il tuo cuore abbia donde essere contento. Il sig. Norton m'ha riferito una tua espressione che m'ha fatto sorridere. Tu gli hai detto esserti stata data la consolante notizia, che sono diventato ricco, e Mr. Ticknor m'ha soggiunto essersi sparsa voce ch'io avessi preso moglie e moglie ricchissima. No, caro, nulla di ciò avvenne; ed io vivo bensì contento come se possedessi palagi e ville, ma il mio modesto stato è sempre quello del povero a cui non manca il necessario, e non ho pensato neppure un istante ad ammogliarmi. Forse taluno spacciò quella fola, confondendo il nome di Pellico con quel di Pecchio[86]. Il qual Pecchio aveva

---

[86]   Giuseppe Pecchio (Milano 1785 - Brighton 1835) Collaboratore della rivista il Conciliatore, avendo aderito alla setta segreta dei Federati fu costretto ad andare in esilio in Inghilterra, dove si sposò con la ricca ereditiera Filippa Broosbank. Durante gli anni dell'esilio scrisse la Storia dell'economia pubblica in Italia (1829), la Storia critica della poesia inglese (1833-1835) e una Vita di Ugo Foscolo (1830), preceduta nel 1828 dalle Osservazioni semiserie di un esule sull'Inghilterra.(C. UGONI, *Vita e scritti di Giuseppe Pecchio*, Paris, Baudry, 1836).

infatti allargato la sua posizione, sposando una donna doviziosa. Egli ha vissuto assai bene gli ultimi anni: or da pochi anni è nella tomba. Il Signore gli dia pace! Mi sembra d'avere cent'anni, tanti amici e conoscenti miei già sono spariti dal numero dei vivi!

Almeno fra le vicende che ho vedute, è finalmente effettuata quella che ho sì ardentemente desiderato pe' nostri miseri compagni di catene! Lo Spielberg s'è aperto per tutti loro, e già la più parte di essi debb'essere giunta in America, e spero che tu li abbia abbracciati a New-York. Se costì fossero, abbracciali caramente per me, e con particolarissimo affetto il mio Borsieri. Non so con certezza quali sieno partiti, e quali sieno rimasti a Gradisca per ristabilire la loro guasta salute ed imbarcarsi (dicono) dopo l'inverno. Ben so che fra i rimasti a Gradisca, sono Confalonieri e Pallavicino ambi di salute rovinatissima. Non è loro conceduto ancora di stare in corrispondenza con altri che colle proprio famiglie, ma sono trattati con tutto riguardo, e godono una mezza libertà, spendendo ciò che loro occorre e ricevendo visite di congiunti. Io spero che l'aria buona, i cibi sani, il trovarsi fra persone care sieno rimedi efficaci a rimetterli in migliore stato. Hanno una generosa mediatrice nell'Imperatrice, ottima donna Piemontese che non respira altro che bontà. I ferri dello Spielberg non si sarebbero spezzati senza la santa influenza di quell'Angiolo. Iddio ascolti le benedizioni che molti cuori le mandano, e fra altri il mio!

Vuoi tu sapere come vivo? Non ho avuto impieghi, e non li ho neppure cercati. Sto molto in casa mia, e frequento alcune case amiche, specialmente quella del marchese Barolo, uomo raro per religione fervida e benefica, e la cui moglie è una vera ed amabile santa.[87] Ho rinunciato davvero alla politica, delirio funesto e senza più ombre di belle speranze al mio sguardo. Non voglio già dire che tutto sulla terra abbia ad andare alla diavola, no; ma credo che Dio regga le cose e scagli i flagelli e disponga i destini gloriosi ed ingloriosi delle nazioni, secondo mire ottime, irridendo i sforzi irrequieti delle nostre passioni politiche, piene d'orgoglio e d'ira e vuote di religione. Darei il mio sangue per la giustizia, ma detesto i furori e le turpitudini de' falsi liberali. I quali oggidì abbondano e sono un'infame caricatura dell'amor patrio. - Mi diletto di studii e scrivo, ma non do nulla alle stampe; forse qualche carta mia si pubblicherà dopo me. Per altro su ciò non ho preso alcun partito irrevocabile.

Studii e riflessioni m'hanno confermato nella fede interamente Cattolica. Ho imparato a sentire Iddio, a pregarlo, a gustare il bello magnifico, poetico, sublime di tutto il nostro culto, sempre mal capito dalle società cattoliche! Spero che tu in

---

[87]   Silvio Pellico voleva presentarsi più come amico e collaboratore dei Barolo che come loro dipendente, e questo spiega perché presenti così la sua situazione all'amico lontano. A Torino però i suoi concittadini vedevano la sua situazione in modo totalmente diverso come dimostra la seguente citazione tratta da una lettera di Giovanni Baracco a Vincenzo Gioberti: *"Pellico (il teologo) sta bene e fa anche l'Apostolo, Simonino ha continuato a far servizio quantunque oblato, Savio studia assai, Bertinati, Sorisio etc. stanno bene, e non posso dir più che li vedo ben raramente, (Silvio) è bibliotecario di casa Barolo con 4 mila franchi. e fa lo scherzo di passeggiare per Torino nella vettura del padrone con le gazzette in mano, a far dell'amore platonico."* (Lettera di Giovanni Baracco a Vincenzo Gioberti, Savio dovrebbe essere il marchese Savio, Bertinati lo scrittore Raffaele Bertinatti, Pellico il teologo è Francesco Pellico, fratello minore di Silvio, purtroppo Baracco, aggiornando Gioberti sulla situazione dei comuni amici torinesi, non ci dice con quale donna Silvio Pellico faceva l'amore in modo soltanto platonico).

mezzo ad esse, avrai la forza d'animo d'onorare la nostra Chiesa apertamente, e di cooperare a renderla onorevole anche agli occhi de' dissidenti.

FEDERICO CONFALONIERI A PIERO MARONCELLI

[New York, 26 marzo 1837] [88]

Car.mo Amico!

Se non m'è dato di partecipare con voi all'Agnello pasquale, siamelo almeno di associarmivi con un brindisi, che v'invito a voler fare con Italiano vino a ciò che di più caro puossi da Italiani cuori bramare!

Ditemi a che ora pranzate, e se siate soli, onde, consentendomelo il tempo, possa io pure tentar d'essere un momento anche personalmente ove indubbiamente mi troverò almen col cuore.

Il dì di Pasqua 37.

Il Vostro aff.mo A.
Vecchio TASSO[89]

PIERO MARONCELLI A FEDERICO CONFALONIERI

---

[88]   Autografo come la lettera seguente nel Museo del Risorgimento di Forlì. Pubblicata in *Rassegna storica del Risorgimento* del 1951, pp. 637.
[89]   I detenuti politici si erano dati in carcere dei soprannomi. Tasso era Federico Confalonieri.

[New York, 1 luglio 1837][90]

Mio caro Federigo

Sono stato un poco ammalato ne' giorni scorsi, con febbre e reumi al mio povero tronco, e ciò m' ha impedito e di vederti e di scriverti almeno qualche riga, per ringraziarti del tuo cortese dono alle mie signore, le quali, del resto, vogliono soddisfare da se a questo bisogno del loro cuore. Escogitando di novo, tra me e me, quel tema d' amarezza i che per sollievo versai nell' animo tuo, lunedì, e desiderando ardentemente d' appigliarmia tutte le piìi lontane apparenze che potessero scusare in partela condotta del mio avversario trovai che il pretesto della pubblicazione del libro di Pellico e del mio, non può giovargli, dacché queste due opere uscirono un anno e mezzo dopo la sua liberazione. Resta dunque il solo e puro fatto delle demenze Pallavicine, le quali bramerei conoscere un po' più addentro ne' loro particolari, onde giudicare qual grado di somiglianza potevano avere per una testa pensante...

Che Borsieri, già posto in libertà, (cioè a Gradisca, e sul bastimento), argomentasse da quelle a mio danno, quantunque ad altri possa parere un argomentare sinonimo di malignare gratuito, tu sai che nessuno de' suoi migliori amici ha mai pensato di derivare qualche cosa di ragionevole dalla sua anti-logica testa. Ma io non avea l'abitudine di raffrontare il criterio d' Alessandro con quello di don Pierino: tanto è vero, che quest'

---

[90]   Archivio Dolez Bruxelles, Pubblicata in *Carteggio del conte Confalonieri*, cit. p. 742-743. Il curatore ha tagliato gli insulti di Maroncelli a Pallavicino e quindi la lettera non è nella sua versione integrale.

ultimo avendomi fatto qui un giocherello assai sporchetto, e, di conseguenze che potevano essere incalcolabilmente funeste per me, gli ho perdonato, guardando in lui non altro che il suo poco giudizio. Confesso dunque che non potendo ammettere questa deficienza in Alessandro, sono obbligato di ravvisare in lui una colpa volontaria, suggeritagli da un comodo egoismo, che gli faceva troncar netto e per sempre ogni legame d' antica amicizia, d'antica giurata fratellanza, d' antiche giurate obbligazioni. E queste obbligazioni, tu sai, essendo fatte a carico suo, ed in favor mio, fui coartato ad accettarle, anche per mediazione tua che fu invocata da Alessandro per rimovere la mia reluttanza. E quest'amicizia, questa fratellanza, queste obbligazioni, erano annichilate da una parola di un delirante. Gran magica parola dev' esser stata! - e tuttoché inconcepibile per me, - quasi quasi sarei disposto ad ammetterla, se altri fatti posteriori non la distruggessero. (sic)

Sono amabilmente interrotto dall'arrivo del tuo caro bigliettino. Mi provai di fare italiani i bei versi inglesi, che m' hai mandati. Intanto ti prego di accettare il libro delle Mie Prigioni del nostro Silvio, con le mie addizioni. E siccome l'edizione inglese contiene alcuni versi miei che non sono nell'italiana, aggiungo anche una copia di essa. Questi versi non sono a te affatto ignoti: ti ricordi allo Spielberg de' due Psalmi Antilucano e Notturno? Sono questi due vecchi conoscenti che vengono a farti visita.

Spero che tu possa dare una qualche ora alla lettura del libro del Rossetti.[91]

Mille saluti di ritorno dalla mia famigliola e credimi sempre tuo

---

[91]   Il patriota e scrittore Gabriele Rossetti.

Piero Maroncelli.
Sabato 1 luglio 1837. 58 Lespinard.
New York.

GAETANO DE CASTIGLIA A PIERO MARONCELLI

[New-Haven, 30 marzo 1837][92]

La Silvia riconosce ancora il mio nome? O, per parlar più giusto, mostra ella attaccar qualche idea al mio nome, quando lo sente pronunciare. Comincia ella a parlare realmente? Non fa più impazientire la povera mamma - grande, col non voler mostrare le sue abilità in presenza di forestieri? Che cosa tono gli amici! È un secolo che vorrei scrivere a Foresti, e non so trovar il tempo; se lo vedete, parlategli della mia amicizia, è della memoria cara che serbo di lui, benché non gli scriva. Gli scriverò, gli scriverò presto; e gli includerò una lettera per la gentile miss Mary [Sedgwich]: ma non faccia il geloso: la consegni, e se mai vi ha risposta, non la sopprima...

FEDERICO CONFALONIERI A PIERO MARONCELLI

Aix di Provenza, 27 ottobre 1837[93]

---

[92]   Pubblicata in *Rassegna storica del Risorgimento* del 1915, p. 651.

[93]   *A Monsieur / Monsieur Pierre Maroncelli / New-York.*
Archivio nel Museo del Risorgimento di Forlì. Pubblicata in Carteggio del conte Confalonieri, cit. pp. 1174-1175.

Carissimo Maroncelli !

Due righe anche a malgrado di tutte le mediche interdizioni, giacché anche a malgrado di esse già mi sento quasi rimordere d'avervele fin'ora ritardate.

Tutte le vostre commissioni, consistenti in lettere, libri ed astucchietti furono tutte o personalmente o delegatamente eseguite, meno le tre lettere a M.me de Monjouay, a M.r Violet le Duc ed a M.r De Latour, delle quali, essendovi io nominato, non credettesi dalla persona delegata, per considerazioni politico- diplomatiche viste le mie vicende, convenevole la presentazione. Dopo il fatto e dopo il lasso del tempo veggendole io stesso non più presentabili, non restami che ad annunciarvene con dolore l'omissione onde almeno possiate altrimenti supplirvi.

La Nota poi de' libri da mandarvi, non essendo al ritorno rimasto a Parigi che pochi giorni malato, l'affidai ad Ugoni per diligente e sollecita esecuzione. Ma egli scrivendomi che la più parte dei ricercati libri non sono in alcun modo trovabili in Parigi, io gli rescrissi che esaurite le possibili diligenze spedisca almeno i trovati insiem col libro di Maresca.

Vidi al primo mio passaggio per Parigi il fratel vostro che trovai bene e contento, e spiacquemi assai che il cattivo stato di mia salute m'abbia impedito di rivederlo al ritorno.

All'amabile Consorte Vostra vogliate presentare le più cordiali mie espressioni, non lasciando di ricordarmi a M.me e Mr. Schneider, e condonandomi la forzata brevità vogliate voi credermi sempre l'aff. mo vostro

F. CONFAL.

SILVIO PELLICO A PIERO MARONCELLI

[Torino, 18 gennaio 1838][94]

Carissimo Piero
Per un'occasione fornitami da Federico nostro, il quale ora trovasi a Aix in Provenza - scrivo a te, a Borsieri, e a Foresti. Ho bisogno di sapere come sta tua moglie, come la carissima vostra figliuola Silvia. Poco lieta notizia posso darti della mia salute. Io vo invecchiando a rotta di collo, e nuovamente sono preda frequentissima di que' miei tremendi affanni di petto, cominciatimi a Spielberg. Dio sa se un dì, e presto, non udrai che il tuo amico è stato da quelli soffocato! Ormai la vita m'è troppo grave, e spero che se la morte mi si affacci, la riceverò senza rammarico: - or tanto più dopo la perdita grandissima che ho fatta della mia ottima Madre. Non puoi immaginare qual conforto mi fosse la presenza e l'esempio di quell'Anima sublime.
Da più di nove mesi che Dio ce l'ha tolta, sempre sentiamo in casa nostra la sua mancanza; tutto è diventato più triste per noi. Il povero padre vive, ma oppresso da acciacchi. Luigi pure ha debole salute. Il solo bene che ci resta, si è il vincolo della reciproca pietà e tenerezza. Ma no: abbiamo un altro bene. - e davvero egli e il sommo - la Religione. Oh qual dono mi ha fatto Iddio, disingannandomi dai sogni della mia gioventù col mezzo di tante sventure! - Non ho cessato dal tempo della nostra uscita di carcere, di leggere e meditare e confrontare, e sempre più ho veduto la vanità di tutti i sistemi della inferma

---

[94]   Autografo nella Biblioteca Comunale "A. Saffi" di Forlì.(Fondo Maroncelli). Pubblicata in PEDRAGLIO, *Silvio Pellico*, cit., pp. 214-215.

ragione, a patto della sapienza cattolica. non so a qual segno tu sia in fatto di fede. Una volta ambi noi volevamo essere cattolici; ma con troppa presunzione e troppo audaci interpretazioni; eravamo già sulla strada del vero, ma ancora c'inebriavamo di follie. Mi sono avveduto che bisogna rigettarle tutte, e davvero diventar puri e severi (non severi cogli altri, ma con sé), altrimenti non si fa parte della Chiesa.

Non posso, mio caro, farti una lunga predica, e penso che non ne avrai d'uopo. Bensì prego con tutta l'anima per te, mio buon Piero, e per la tua casa e per tutti i cari tuoi.

Sono costretto a lasciarti, ma non già mi scosto da te collo spirito. Dammi nuove di te, di voi. Come sopporti ora gl'incomodi della tua amputazione?

Addio, t'abbraccio e sono il tuo Silvio

Torino, 18 genn. 38

FEDERICO CONFALONIERI A PIERO MARONCELLI

Montpellier li 13 Feb.io 1838.[95]

Mio Carissimo amico !

Non voglio lasciar di rispondere immediatamente, almen due righe, ad altre due vostre righe, ricevute or sono appena due giorni, benché datate del 24 ottobre. Esse son quelle che

---

[95]   Archivio nella Biblioteca Comunale di Forlì. Pubblicata in *Carteggio del conte Confalonieri*, cit. pp. 1175-1176.

consegnaste al Sig. Pisa e che or solo giunsermi qui trasmesse da Parigi.

Duolmi assai che la necessitata mia fuga dal crudo verno di Parigi m' abbia privato del piacer di vedervi il pregiato Latore di vostre lettere e di potergli offrire in qualche modo i miei mezzi.

Non ho però che ad applaudirmi del resto di questa mia fuga perché in luogo degli eterni geli, che dominano quest' anno in tutte le altre parti d' Europa, godiamo qui di una temperatura quasi costantemente al temperato e di splendidissimo sole alla cui luce ed al cui calore la mia salute, ch' era caduta assai, assai basso, va ogni giorno sempre più, quasi miracolosamente rialzandosi. Oh quanto volentieri, in ripensando a vostri malori, vorrei condivider vosco i salutari influssi di questo benefico clima!

Non ho ulteriori nuove delle commissioni lasciate ad Ugoni per la spedizione de' vostri libri, senonchè egli sarebbesi concertato con vostro Fratello per darvi la più opportuna esecuzione. Spero dunque che a quest' ora sarà già in corso per New-York.

Devo avvertirvi che la lettera che m'annunciate avermi contemporaneamente scritta a quella che or v' accuso, direttami per Havre, non mi è punto giunta, mentre tutte le altre provegnenti d' America, per qualsivoglia via, finirono per giungermi tutte felicemente.

Inclusa in una per Foresti, di cui il nostro Silvio m' incarica, so che trovasene una anche per voi, e giudicando del piacer vostro dal mio al ricevere di sì cara lettera, ve ne felicito di cuore. Se non che il piacer mio fu d' assai amareggiato dalle tristi nuove di sua salute che dalla mia troppo dolorosamente tralucono.

Egli m' ha anco mandato due volumetti di belle sue *Poesie* che ritengo avrà mandate anche a voi.

Sulle mie vicende, scioltesi tutte per lo meglio, già spero v'avranno bastantemente informato le varie notizie che ne scrissi ai diversi, che se voleste un resumé reformé d'ultimatum potrà darvelo Tinelli cui ne feci un epilogato cenno.

Non dubito ch'altra mia a Voi, ove rendevavi conto delle vostre commissioni ecc., saravvi regolarmente ed in debito tempo pervenuta, poiché egli è vero da dire che la corrispondenza coll'America passasi con più d' esattezza e di regolarità che con molte parti della nostra Europa, ove la negligenza e le misure di Polizia tutto scompigliano.

Alla pregiata vostra Consorte mille miei doveri estendibili anche alla Madre ed al fratel suo, un bacio per me alla Silvietta, ed un tenero abbraccio a Voi mio caro

Dal vostro aff.mo amico
F. CONFALONIERI.

FEDERICO CONFALONIERI A PIERO MARONCELLI

Parigi, lì 14 luglio 1838[96]

Mio caro Maroncelli,
Dopo quelle prime righe che mi scriveste poco indi partito e le quali m' annunciavate sarebber seguite da altre, non ebbi più il bene di riceverne alcuna di voi, benché io già v' abbia scritto tre volte e questa sia la quarta.

---

[96] Archivio nella Biblioteca Comunale di Forlì. Pubblicata in *Carteggio del conte Confalonieri*, cit. pp.1179-1181.

Buon per me che posso essere almeno questa volta un po' men vergognoso delle altre nell' offrirvi un échantillon del mio buon volere se non della mia buona riuscita per l'esecuzione della vostra commissione. Essa fu da me lasciata tutto inverno, durante la mia assenza, nelle mani di Camillo Ugoni uomo letterato e quasi del mestiere, il quale null'altro di tutti i libri nella vostra nota indicatimi era riuscito a trovare che le due opere che vi mando. Giunto io poi a Parigi, dubitando tutte le diligenze potessero non essere state da lui esaurite, misine io stesso alla ricerca un di que' Commissionarj di libri che soglion di ciò fare in Parigi il mestiere e che dissoterrerebbero non so dove un libro se si trovasse. E questo pure m'accerta non essere trovabile in Parigi presso de' Librai alcun altro de' libri della vostra Nota. Bisogna dunque che alfine mi risolva a mandarvi quel poco che di trovar venne fatto, dichiarandomi dolente del molto più che di ritrovare non venne dato.

Io qui vedo vostro fratello il quale non raramente mi favorisce di sue visite, ma da più tempo egli non può essermi cortese di vostre nuove perché egli stesso ne manca. Su via, vogliate dunque farmene voi generoso, e per la posta sovra tutto vi raccomando, per cui non mi va mai perduta una sola lettera, e non mai per occasioni particolari, che dall'America particolarmente ho prove essere malissimo fide.

Io partirò a giorni per i bagni dell'Oceano, che mi sono assai raccomandati, ma il mio domicilio fermo sempre restando in Parigi, qualunque lettera sotto il semplice mio nome senza bisogno di altro indirizzo che Parigi, mi giungerà sempre sicuramente ovunque mi ritrovi. Il fratel vostro che neppur egli nulla ricevette dal Sig. Pisa, da' cui pieghi avestegli annunciata una lettera, sta assai bene e tiene lusinga di poter ancora star meglio se gli riesce di farsi attaccare all'ambasciata Francese a

Roma. Si crede alla probabilità del richiamo, per alcuni almeno, de' nostri Spielbergensi Deportati e mi faccio una festa di quindi poterli qui riabbracciare, non dubitando che fra questi troverebbesi di certo anche il nostro ottimo Castillia.

La mia salute, col mite clima della Provenza nel verno, e con questo buon caldo onde da alcuni giorni godiamo, ha talmente guadagnato, che quelli che m' hanno visto al mio primo e secondo passaggio per Parigi in quest' autunno, non mi trovano più riconoscibile. In verità il clima Europeo, anche ove è men felice, è tutt' altra cosa dall'Americano.

Io vorrei almeno che voi poteste dirmi che la vostra salute col continuare in quel clima non ne soffre di più; ma temo purtroppo che in questi casi i danni della suscettibilità ossia impressionabilità maggiore vincano d'assai i vantaggi che possonsi aspettare dall'abitudine. Ho frequenti lettere da Silvio, che ha perduto lo scorso anno la madre e quest' anno il padre, e che trovasi egli stesso di salute assai rotto e gramo.

Piacciavi di ricordarmi cordialmente alla vostra ottima consorte e di riverirmi insieme la madre e il fratel suo. M' immagino che la vostra Silvietta sarà già a quest' ora una signorina compita, argomentando da ciò eh' era quando io l' ho la lasciata.

Ci rivedremo noi in Europa? Lo bramo ma non so incoraggiarvi, mentre anche in questa vecchia parte del mondo le cose non vanno certo per la meglio. Basta, al di là e al di qua delle grandi acque, come solevan chiamarle i vostri aborigeni, vogliate tenermi sempre per il tutto vostro

aff.mo amico
Federico Gonfalonieri.

PIERO MARONCELLI A FEDERICO CONFALONIERI

New York, 29 giugno 1840[97]

Mio carissimo.

Abbiamo udito che tu sei a Milano da più mesi, e che puoi restarvi senza limite di tempo, avendo l'Imperatore ritratta la condanna contro gli esportati. Tutta la mia famiglia è in gioia per questo evento.

Ora che avrai l'anima in pace dopo tante burrasche, t'invito ai benefici studi della Scienza Sociale, che certamente è fatta per una gran mente e per un gran cuore come tu hai. Tu non avrai dimenticato il nome di Fourier che forse io per primo ho fatto risuonare al tuo orecchio. Questa sublime scuola progredisce ognor più in tutte le parti del mondo, e presso ogni Governo, perché rispetta ogni Governo e ogni Religione; e non andrà guari che un Falansterio Tipo sarà il segnale onde cessino nel mondo la miseria, i delitti, lo spirito rivoluzionario, e persino i morbi contagiosi. Tu sei il primo italiano al quale io n'abbia mai parlato di Scienza Sociale, e so che la potenza del tuo nome può assaissimo sulla gioventù italiana, onde ritrarla dalle illusioni politiche alle vie organatrici e pacifiche della fondazione di una Falange. Io ti scongiuro a nome della patria comune (che è il Mondo) e de' fratelli che l'abitano (l'Umanità) di non obliare i destini che Dio ci ha dati a percorrere su questo globo.

---

[97] *Signor conte Federico Confalonieri Milano*
Autografo nel Museo del Risorgimento di Forlì. Pubblicata in *Rassegna storica del Risorgimento* del 1915, p. 654. Ripubblicata nel *Carteggio del conte Confalonieri*, volume terzo.

Carlo Filiberti[98] che ti presenta questa lettera è giovane che aspira ad istruirsi nella giustizia, e gli auguro il successo che merita. Io te lo raccomando.

La mia famiglia tutta vuol essere ricordata alla tua cara e dolcissima memoria.

Sempre ed invariabilmente tuo
Piero Maroncelli.

PIERO MARONCELLI A SILVIO PELLICO

New-York, 29 giugno 1840[99]

Mio carissimo Silvio,

Ti reca questa lettera il sig. Carlo Filiberti, Piacentino, che venne in America mesi fa, e fu sfortunatissimo. La durezza de' tempi è tale ch'egli non potè procacciarsi di che vivere col proprio lavoro, sebbene molti amici s'impegnassero per trovargliene. Fu inutile: nessuno pensa alle lettere, ed è prodigio che chi lo precese abbia potuto vivere quest'anno, come è problema sapere se vivranno (io), o no, l'anno venturo. Infine, egli a presa la risoluzione di partire, e forse verrà a Torino a vederti; e ti parlerà dello stato dell'animo mio, sì morale che intellettuale. Più volte ho avuto il pensiero d'indirizzarti un libro che molte vicende m'hanno impedito di

---

[98]   Su Carlo Filiberti non sono riuscita a trovare nulla di interessante se non una lettera del 1838 indirizzata a Luciano Manara.

[99]   Autografo nel Museo del Risorgimento di Forlì.Pubblicata in *Rassegna storica del Risorgimento* del 1951, pp. 655

scrivere finora, per ispiegarti tutti i recessi del mio cuore e della mia mente, partendo dal punto in cui ci siamo separati, fino al dì d'oggi. Prima del libro se questo giovane ti parla, potrà farti un bozzetto psicologico, che ti metterà in istato di presentire ciò che il libro sarà.

Intanto sii benevolo al Filiberti come lo saresti a me stesso; e credimi che la tua Felicità mi è a cuore come bene supremo, e voto supremo è questo: che prima di morire, desidero di offerirti quell'ancora di salute, alla quale io m'attengo, al di sopra d'ogni partito politico o religioso, ed evangelizzando la scienza Sociale.

Mia moglie e la tua figlioccia Silvia ti abbracciano con tenerezza.

Il tuo Piero Maroncelli

SILVIO PELLICO A PIERO MARONCELLI

[Torino, 18 luglio 1840][100]

Mio carissimo Maroncelli

Il sig. Ferrerò m'ha recato notizia di te, di tua moglie e della tua bambina. Vi stringo tutti e tre fra le mie braccia, e te specialmente, ricordandomi quanto mi fosti eccellente compagno,

---

[100]   Autografo nel Museo del Risorgimento di Forlì.Pubblicata in *Rassegna storica del Risorgimento* del 1951, pp. 654. Leggendo questa lettera mi sono accorta che Pellico scrive che aveva finito 51 anni il mese precedente. Pellico era nato il 24 giugno del 1789 perciò questa lettera non è del luglio del 1838 come indica il Fabretti nel suo articolo, ma del luglio del 1840.

e quanto in prigione mi giovarono il tuo affetto, la tua amabile pazienza e sociovolezza. Il sig. Ferrerò ti dirà che sto in piedi, ma in salute davvero misera, ed assai invecchiato. Ma ho avuto anni 51 il mese scorso, e non devo pretendere di ringiovanire, né dì non andar maggiormente decadendo; sia fatta la volontà di Dio, dal quale ho ricevuto tante grazie: ed è pure una grazia ch'egli mi lasci prolungare, più ch'io non avrei osato sperare, questa vita, almeno perch'io cerchi di pentirmi e migliorarmi. Più non m'occupo di letteratura né di vicende e la religione è il mio solo conforto, ed è conforto grande, divino. Errai quando noi seppi gustare, e sempre più me ne duole. Ma Dio è buono: me n'ha date mille prove, e sono tranquillo, sebbene tutta la mia gioventù sia stata leggerezza e sciocche passioni. Parrebbe che in gran parte fummo perdonabili per l'impero dei tempi, delle letture, degli esempi e della nostra inferma fantasia. La misericordia del Salvatore cancellerà le nostre debolezze, per quante sieno state dall'infanzia in poi. Confidiamo in lui, e vediamo d'esser migliori almeno negli ultimi giorni della vita.

Permettimi, un consiglio, una preghiera. Più d'una volta mi recò dispiacere l'udire che tu non sai limitarti a ragionevole economia. Questo difetto fu nocivo a te in Parigi, e diede occasione a biasimo, il quale, peraltro, io credetti esagerato. Ti fu nocivo por costà, a quanto mi venne riferito. Egli era il difetto del mio povero Foscolo è n'ebbi pur troppo la parte mia, onde ne sono giudice indulgente. Deh! correggiti l'uomo può sempre non lasciarsi dominare da quella tendenza che tutti abbiamo ad un po' di soverchio lusso. Sappi metterti in giusta regola di spesa per avere maggior pace ora e negli anni di vecchiaia. In ogni altra cosa, so che ti regoli bene, ed il mio cuore ne gode. Vorrei che tutti amassero te, come io t'amo. E sì, t'amo assai, non ostante quel tuo ingegnoso, ma disarmonico libro delle Addizioni, ove più cose ti furono dettate dalla fretta, dalla passione e da erronee ipotesi e su del che ricevo continui rimproveri, quasiché io fossi partecipe di quelle tue innocue pagine. Io rispondo ch'eri da compatire nella tua posizione a Parigi, con tanta poca pace da farti riflettere e capire la vanità dei sogni politici e filosofici. Anch'io fai ludibrio dì tal sogni per tropp'anni, e conobbi tardi che non valgono nulla. Prego Dio di benedirti, di benedirvi tutti tre, ad ogni ora, ad ogni istante...

FEDERICO CONFALONIERI A PIERO MARONCELLI

Milano, il 18 luglio 1840[101]

Carissimo Maroncelli,
La Signora Isabella Obor Viennese, figlia di un Colonnello, di assai distinta famiglia, determinatasi per circostanze a quella particolari a cantare sui Teatri, si è già guadagnata fra noi fama di abilissima Cantatrice e di giovane persona inoltre adorna di tutte le più belle doti di spirito, di cuore e di gentili
modi sociali.
Io da poco rimpatriato e poco frequentatore de' teatri non ho il piacere di conoscerla personalmente, ma mi viene raccomandata da distinti miei amici onde avendo tutto il desiderio di far cosa a loro grata, non saprei a chi meglio dirigerla che a Voi ed alla preg.ma Vostra Consorte, entrambi

---

[101]   Archivio nella Biblioteca Comunale di Forlì. Pubblicata in *Carteggio del conte Confalonieri,* cit.

sì alti ne' talenti musicali, e quella inoltre avente con questa comune la patria Germanica.

Non recherassi Madamigella Obor a Nova-York che dopo aver fatto il teatro dell' Avana in qualità di prima Cantatrice ed amerà forse percorrere incognito altre fra le più distinte città del continente americano; egli è quindi alla vostra conosciuta gentilezza eh' io oso raccomandarla tanto durante il suo soggiorno fra di voi, quanto affine di procurarle utili introduzioni per le altri parti che si proponesse di successivamente

visitare.

Spero che non vi riuscirà nel tempo stesso sgradito eh' io colga questa occasione per richiamarmi alla vostra memoria, da cui non mi crederò però sbandito a malgrado del lungo silenzio il quale data ormai da oltre due anni, e per assicurarvi dal canto mio dei costanti sentimenti con cui non cesserò

mai di essere

L' aff.mo vostro

Federico Gonfalonieri

SILVIO PELLICO A PIERO MARONCELLI

[Torino, 29 luglio 1840][102]

---

[102]   *Al Signor / Piero Maroncelli / New-York*

Autografo nell'Archivio dell'Istituto per la storia del risorgimento italiano di Roma (Busta 826, inserto 1). Inedita.

Di questa lettera si sono conservati soltanto il terzo e il quarto foglio, contenenti i saluti finali e l'indirizzo del destinatario. Rileggendo le

A rivederci in Cielo; quaggiù non è impossibile, ma è poco sperabile. - Preghiamo a vicenda gli uni per gli altri.

il tuo Silvio Pellico

Confalonieri e Borsieri sono rientrati in patria. Il mio Porro non ancora, ma può anch'egli, e verrà fra poche settimane.

Torino, 29 luglio 40

PIERO MARONCELLI A ZOE DE GATTI GAMOND

[minuta di lettera, 1840][103]

Noi arriveremo al vero Cattolicesimo guidati per mano dal Protestantesimo. Il sentimento religioso è uno nel cuore di tutti gli uomini; quanto alle differenze di credo, saranno ridotte ad evidenza scientifica, e di conseguenza unica ed ecco stabilità la Cattolicità perpetua.[104] (...) Quanto Pellico sarebbe felice di

lettere in sequenza mi è venuto il dubbio che pur conservate in due luoghi diversi la lettera del 18 luglio 1840 e del 29 luglio 1840 siano in realtà la stessa missiva, che Pellico abbia cominciato a scrivere la lettera poi non sia riuscito a spedirla e l'abbia completata dopo alcuni giorni.

[103] Pubblicata in M. GAVELLI, *Piero Maroncelli, l'uomo, il musicista, il patriota*, Forlì, Cartacanta, 2011, p. 60 e in *Piero Maroncelli. L'itinerario di un romantico dalla Carboneria al Fourierismo*, cit., p. 27.

[104] "A lungo, prima della cecità e della malattia che lo portò alla morte, Maroncelli accarezzò l'idea di potersi recare a vivere in un falansterio, ovvero in una di quelle comunità utopistiche che, secondo le

poter finire i suoi giorni in un falansterio! Io non credo che a Torino sia permesso pronunciare il nome di Fourier; ma vi assicuro che Silvio Pellico sarebbe ben degno d'essere suo discepolo![105]

FEDERICO CONFALONIERI A PIERO MARONCELLI

Milano 21 Maggio 1841.[106]

---

idee fourieriste, sviluppate in modo particolare dai seguaci del fourierismo, avrebbero portato ad una vera uguaglianza e ad un'armonia sociale generalizzata. Per Maroncelli tale sogno non si realizzò mai, mentre Zoé ed il marito dedicarono tutte le proprie forze alla fondazione del Falansterio di Citeaux, nel quale i fourieristi europei tentarono di mettere in pratica le teorie del loro maestro. Nel volgere di pochi anni l'esperimento fallì, e i coniugi Gatti ritornarono, in estrema povertà, a Bruxelles. Maroncelli, almeno, ebbe la fortuna di non ricevere mai la notizia di quell'ennesimo fallimento delle sue idee e delle sue speranze sociali" (Dal libro di Mirtide Gavelli, *Piero Maroncelli. L'uomo, il musicista, il patriota*).

[105]   L'affermazione di Maroncelli sembra un po' forzata, ma credo che Maroncelli avesse preso certe affermazioni del Pellico come il desiderio di una vita tranquilla e ritirata, ma anche la sua attenzione alle problematiche sociali e caritatevoli, quasi che la partecipazione alle attività della marchesa di Barolo avesse sostituito in lui l'impegno riservato in passato alla letteratura e alla politica, per un'adesione alle dottrine sociali di Fourier... a meno che nella lettera del 29 luglio 1840 che ci è giunta incompleta Pellico non avesse fatto all'amico delle affermazioni più impegnative e "compromettenti" rispetto alle teorie di Fourier.

[106]   Archivio nella Biblioteca Comunale di Forlì. Pubblicata in *Carteggio del conte Confalonieri*, cit., p. 1180.

Castillia mi farà il piacere di dire a Maroncelli, che non gli scrivo perché sempre privo di sue risposte alle mie ultime lettere già da gran tempo scrittegli, e perfino di un suo cenno di ricevuta di que' libri che fin dal primo anno del mio ritorno in Europa mi fui sollecito di mandargli. Che del resto gli mando i miei saluti e sinceri voti per ogni sua migliore felicità, che lo prego di porger per parte mia anche alla pregiata sua Consorte.

[F. CONFALONIERI].

PIERO MARONCELLI A ZOE DE GATTI GAMOND

[minuta di lettera, 1841]

Avrei mai pensato che sarebbe venuto il giorno in cui mi sarei visto obbligato a prendere la penna per difendere il mio amico dall'accusa di gesuitismo? Eppure è questa la parte che ci fanno fare i difensori del preteso liberalismo, gli eroi soprattutto della Giovane Italia! Sì, la Giovane Italia, il non plus ultra del più ignorante e volontario accecamento, il capolavoro dell'antilogia, dell'immoralità e di tutte le assurdità scientifiche, cominciando dalla metafisica e dalla religione e continuando fino alla scienza sociale, l'economia politica, la storia, l'educazione universale, e tutta l'organizzazione del lavoro e dell'industria.[107]

---

[107] Nel 1841 si era diffusa la falsa notizia della morte di Silvio Pellico (in realtà era morto suo fratello Luigi e questo aveva causato l'equivoco) e Maroncelli nella stessa lettera alla De Gatti scrisse che secondo la sua

PIERO MARONCELLI A SUA MOGLIE AMALIA

[New York, aprile-maggio 1842]

Amalia carissima, ieri ò ricevuta risposta da mio fratello, in data Londra 12 aprile, ove dice di esser colà fin da quindici giorni, e dove rimarrà fin al termine di settembre. La sua clientela a Parigi è assai limitata, e consiste principalmente degli artisti dell'opera Italiana, quindi va con essi per sei mesi all'anno a Londra, alloggiato e mantenuto di tutto punto in casa di Lablache[108] di cui particolarmente è medico ed amico.

La nostra cara Silvia fa progressi incredibili nel francese: domenica m'à letto quattro grandi facciate del libro delle fate del Perrault senza errori e fluentemente... Tu riderai sapendo che suona già, senza che nessuno glielo abbia insegnato il mio povero valzer dello Spielberg... Le fo suonare il pianoforte in

opinione Pellico era morto "credendo nelle dottrine sociali e negli sviluppi religiosi di Fourier e di Swedenborg". Che il Pellico potesse davvero avere queste convinzioni mi sembra difficile, più probabile mi sembra che Pellico abbia descritto a Maroncelli le opere di soccorso a carcerate, bambini poveri, giovani donne in difficoltà messe in atto dalla marchesa Di Barolo a cui lo stesso Pellico dava il proprio contributo e che Maroncelli abbia preso l'attenzione del Pellico alle problematiche sociali della Torino dell'epoca per un'indiretta adesione alle idee di Fourier. Resta comunque il fatto che della lettera di Pellico a Maroncelli del 1840 ci sono rimasti soltanto i saluti finali e il timbro postale con il recapito quindi non possiamo sapere cosa Pellico avesse scritto davvero nel luglio del 1840 all'amico.

[108]   Louis Labache era un famoso cantante lirico dell'epoca di cui Francesco Maroncelli era diventato il medico personale.

tutti i momenti che ho liberi che veramente fin al presente sono ben pochi.

FEDERICO CONFALONIERI A PIERO MARONCELLI

Milano 26 Giugno 1842[109]

Mio Carissimo Maroncelli,
Veggo finalmente con vivissimo piacere ricomparirmi dinnanzi i tuoi diletti caratteri, accompagnati per sovrappiù, dai graziosissimi della tua Amalia, i quai però mi sono scarso compenso al contento che avrei avuto in rivedere Lei stessa in Parigi. Ma che vuoi? Dopo una vita sì lungamente agitata e nomade provo i godimenti del riposo e per quest'anno non conto di rivedere il, sempre caro, Parigi, che non lasciai che da questo scorso Ottobre, A chi conosce i costumi e le indoli de' nostri fratelli Trans - Atlantici non è difficile il persuadersi di tutte le avarìe cui vanno facilmente soggette le cose che vengono loro affidate, per cui, a malgrado di qualche loro inesattezza, viva sempre come modo di corrispondenza, sovra ogn' altro, quello delle pubbliche poste, ed a questo io ho fatto proposito di voler d'ora innanzi attenermi e prego te pure e quegli tutti che amano scrivermi di voler fare col semplice mio indirizzo a Milano.
Ti ringrazio delle tue cordiali felicitazioni sullo stato, che dopo matura riflessione e non lieve trepidanza mi son deliberato ad

---

[109]   Archivio nella Biblioteca Comunale di Forlì. Pubblicata in *Carteggio del conte Confalonieri*, cit., pp. 1181-1184.

abbracciare. Ma davvero che, meno il sempre gravissimo rischio, e nel caso mio ed alla mia età ancor maggiore, di una tale determinazione, io non ebbi mai sentore né saprei tampoco immaginare per qual motivo possasi da taluno su di un tal'atto maledire!

Il fatto si è ch'esso è anzi per me ogni giorno soggetto di benedizione e per darti un'idea del perché mi sia tale eccoti un cenno sulla persona che la Provvidenza ha voluto ancora largirmi a dolce compagna de' giorni che m'avanzano.

La mia Sofia, d'origine Irlandese (della famiglia 0' Ferrai già Signora di Annally in Irlanda per guerre di religione trapiantatasi in Danimarca) fu da me conosciuta, per due anni prima del mio rimpatrio, in Parigi presso d*una vecchia sua zia, la contessa di Bourk, ove era venuta in visita. Soltanto al mio partir da Parigi m'accorsi a prove non dubbie di un'inclinazione ch'ella nutriva per me e m'avea sempre nascosto, ciocché diede luogo ad un carteggio prolungato fra noi per un anno a capo del quale credetti di poter risolvermi a farla mia.

La sua adorazione per l'angelica mia Teresa, di cui altro non mi domandava che di poter compiere presso di me qualche vece, non ti tacerò, che fummi potentissimo impulso alla determinazione, e quasi a consacrazione dell'espressomi suo voto, il giorno che le impegnai la mia parola le cinsi anche un braccialetto dei capegli di Teresa ch'Ella serberà qual reliquia per tutta la vita. A te non fa bisogno ch'io cenni tutti i misteri di dolore e d'amore, di legame fra il passato, il presente e l'avvenire che in sé racchiude questo semplice rito. Né il voto di Sofia, benché arduo, mostrossi mai temerario. Io passai tutto questo anno fra letto e casa, fra malattie, larvate convalescenze e ricadute, per infiammatoria reumatica affezione di petto, e la mia buona Sofia non uscì in quattro mesi, alla lettera una sol ora di casa, mi fece ogni giorno 5 o 6 ore di lettura Italiana e Francese, o dal Tedesco e dall'Inglese traducendo. Essa conosce il mondo assai bene avendo 30 anni e avendone vissuti 10 alla Corte di Danimarca, e senza disprezzarlo ne è al par di me disingannata ed aliena. Dessa ama la lettura, la campagna, la vita tranquilla e ritirata al par di me se non anche maggiormente. Ha ingegno ed istruzione assai né quasi s'accorge di averne, scrive bene in più lingue e mi fa spesso da segretario, né le mancan le qualità che bastarono all'elogio funebre di quella Romana – Lanam fecit, domum servavit. Oltre a ciò bisogna anche, onde esser ritrattista fedele, che ti aggiunga, ch'ella ha di avvenenza femminile quanto basta per poter piacere anche a chi ne fosse più di me curante, e che mi ama di un amore che non avrei mai pensato poter ancora, alla mia età, toccarmi in sorte. Quelli che s'interessano dunque a me davvero, vedranno che il Cielo ha voluto ancora mandarmi in questi ultimi giorni più di bene che non mi fosse mai dato di aspettarmi quaggiù; a quelli che mi invidiano non so che augurarne io altrettanto di cuore; a quei poi che mi maledicono, cosa per me inconcepibile, se non è originata da qualche error di fatto, io desidero di buon grado maledizione alla mia somigliante.

Ma da tutto ciò e da certa mia tendenza alla vita patriarcale e casalinga, forse tu sarai per conchiudere ch'io non sia per muovere più da Milano od ancor meno per non incontrarti più mai in questa terra. Eppure, ed io sarei astretto a vita nomade ancora per evitare gli inverni del nostro paese, nemici capitali al mio petto bisognoso di aure tiepide e soavi, e può trovarsi fra miei non improbabili destini il rivedere ancora della, sempre di cara ricordanza, mia America e quindi di te della Amalia tua e della tua Silvia. Ed ecco il come; tu devi sapere che Sir Chamberlain 0' Ferrai padre della mia consorte,perduta la moglie di cui era amantissimo e subite per vicende de' tempi alcune perdite nella sua fortuna venne in pensiero di ritirarsi con due delle sue figlie ed un figlio alla sua terra di Annally nell'isola di St. Croix una delle Danesi Antille. Sofia vi ha dunque colà un padre, due sorelle ed un fratello tutti amatissimi ed amantissimi, il clima vi è deliziosissimo nel verno quanto ingrato nella state, perchè dunque non potrebbe avvenire che vi andassimo a passare un inverno? Ed in allora chi potrebbe ritenermi dal cedere alla tentazione di fare una sfuggita nel vicino continente americano ove pur serbo delle persone a me care e cui son caro, e tanto più se il nostro buon Castillia v'avesse posto le radici della sua novella famiglia? Nota bene che non ti parlo di ciò che come di una possibile eventualità che non si è tampoco ancor elevata al rango di progetto, ma di cui pur m'è grato l'accarezzarne almeno in idea la possibilità.

Madame Obor, ch'io non ho il vantaggio di conoscere personalmente, ma che mi permisi raccomandarti dietro istanti raccomandazioni altrui, fecemi qui pervenire vivissimi ringraziamenti per l'ottimo accoglimento trovato presso i miei amici, per cui grazie sincerissime a te ne rendo.

Senza che tu ne tragga motivo di offesa, o di ritrarti in altra occasione dal comandarmi, sappia, ch'io mi troverei nel l'assoluta impossibilità di appagare le tue istanze pel soddisfacimento del piccolo debito di cui mi parli, giacché, sulla mia fede, non saprei affatto dirtene la cifra, la quale posso dirti solo che fu tenuissima, attesocchè, come ti ricorderai, ebbi il dolore di non poter soddisfare che imperfettissimamente alla tua commissione,

Duolmi il sentire che tu abbia motivo di lagnarti de' nostri compagni di sventura. Oh vergogna, vergogna, vergogna! esclamo io pure col nostro Manzoni. Quelli che son fra noi si conducono in genere assai bene e fratellevolmente. Il solo Pallavicini[110] non socia con nessuno, ma egli è compatibile, perché assai afflitto da' malanni proprii e della moglie e perché vive quasi sempre alla campagna. Il caro Silvio, con cui son sempre in regolare corrispondenza, ebbe pure a soffrire di molte traversie di salute e dolori di animo per la perdita di ormai pressocchè tutti i suoi, ma, il crederesti, non mi venne fatto ancora di vederlo, ciocché per altro spero di poter fare in questa medesima estate.

In qualunque luogo io possa trovarmi, collo scrivermi semplicemente a Milano senza altro indirizzo che quello del mio nome, le lettere mi perverranno più sicuramente che per ogni altro mezzo.

Solo per questa volta nello scrivere a tua moglie le unisco questa per te onde farti giungere per mezzo più caro i cordialissimi abbracciamenti del tuo aff.mo

Federico Gonfalonieri.

PIERO MARONCELLI A SUA MOGLIE AMALIA

[New York, 24 luglio 1842][111]

---

[110]   Credo si riferisca a Giorgio Pallavicino che anche allo Spielberg aveva sempre avuto dei rapporti difficili con i compagni di prigionia.

[111]   Pubblicata in *Rassegna Storica del Risorgimento* del 1918, pp. 721-722.

Quest'uomo che viveva tranquillo non è andato a cercare i Conti e i Magnati Lombardi per iniziarli ad una causa di rigenerazione nazionale; ma i Conti ed i Magnati lombardi sono venuti a rompere la sua vita industre, schiva e tranquilla ond'essere iniziati ov'egli poteva iniziarli, e così l'hanno lanciato con essi in un turbine ov'egli solo ha tutto perduto, inclusa una parte del suo corpo, mentre gli altri dopo la burrasca hanno ancor trovata una bella porzione per vivere il resto de' giorni con indipendenza e signoria.[112]

Ora è da sapere che né prima dei tentativi, né durante i tentativi Piero non è stato mai sovvenuto dì un soldo da qualsiasi de' conti o magnati lombardi... Chi nulla ebbe prima dei tentativi, né durante i tentativi, ed anzi espose in essi tutto il suo, nulla, nulla a ricevuto dappoi, mai, né da chicchesia. Invece è nota la generosa e nobile condotta sempre sostenuta dalla contessa Arconati verso mille, ma specialmente verso la famiglia Borsieri. È noto che il conte Confalonieri fu fedele alle promesse e ai patti passati fra lui e Pietro Borsieri, e a questi toccò sempre la pensione annuale che lo fa vivere. È noto che lo stesso Gonfalonieri, senza patti, offerse a Gaetano Gastillia quattro mila scudi, che il Castillia non accettò. Potrei arricchire di molti altri fatti questa lista; ma nessuno potrà mai mostrare

---

[112]   Io credo che Maroncelli pensasse a Porro e Confalonieri che dopo i disagi dell'esilio o del carcere erano potuti tornare a Milano, riprendere possesso dei propri beni e ricominciare quindi una vita simile a quella che conducevano prima del 1820. Non so se Porro abbia mai aiutato Maroncelli economicamente anche se era stato lui ad essere iniziato alla Carboneria dal Maroncelli, ma credo che non si possa neppure escludere sapendo dell'importante sostegno economico dato da Porro a Bacchiega (un altro degli ex detenuti dello Spieberg).

in alcuna di siffatte liste il nome del mutilato, il quale è stato deluso dopo solenni patti e contratti. E certo egli non à fatto un passo, per far rinvenire i suoi falsi patteggiatori e contrattatori.[113]

PIERO MARONCELLI A SUA MOGLIE AMALIA

[New York, 4 agosto 1842][114]

Qui i Falansteriani ànno preso in affitto un locale al 3° piano, ove si danno letture gratuite, più volte la settimana, e l'udienza è più composta di dame che d'uomini. Il 4 luglio un gruppo eletto de' due sessi ebbe un cenino assai modesto di cibi materiali, e molto ricco di spirituali; fu stabilito che se ne avesse uno al mese, anche più semplice, onde non fosse di carico ad alcuno... Questa sera tua madre, Annetta Hemple, Gustao ed io siamo al Pik Nik. La nostra porzione consiste in

---

[113] Secondo Fabretti questa affermazione suona "strana" perché Confalonieri avrebbe dato annualmente una somma di 100 luigi ad uno dei suoi ex compagni di carcere soprannominato all'epoca della prigionia Castoro. Il fatto è che secondo Fabretti il Castoro era Maroncelli, mentre secondo lo studioso del Pellico Domenico Chiattone il Castoro era lo stesso Pellico a cui effettivamente Confalonieri pagò quella cifra dal 1831 al 1836, quando Pellico entrò definitivamente in casa Barolo. E d'altra parte in una lettera inedita del 1832 che io ho rintracciato e pubblicato all'epoca del dottorato Pellico parla di una cambialetta che doveva riceva dal segretario del conte Casati che è quasi certamente Gabrio Casati, fratello della defunta moglie di Confalonieri, quindi, ritengo più corretta l'ipotesi del Chiattone che identifica il Castoro col Pellico.
[114] Pubblicata in *Piero Maroncelli. L'itinerario di un romantico dalla Carboneria al Fourierismo nell'età della Restaurazione*, cit., p. 24.

tre polli arrosto ed una lingua. Ben inteso che Annetta Hemple dà la sua quota per sé e suo marito in altri generi, cioè un'insalata d'omar (arragosta) e vino di Madera. Contro il vino di Madera farò protesta questa sera, perché è un lusso di cui non abbiamo bisogno. Il Claret basta; altrimenti la cosa non dura. Staremo a vedere che Brindisi porterà tua madre, essendo di rigore che per un turno ognuno porti il suo.

Mi fecero l'onore di nominarmi anche questa volta Presidente; quindi io ero in capo alla tavola, alla mia destra tua madre, alla sinistra Mrs Mac Daniel. Seguiva dopo tua madre, il giovane Mac Daniel, Mrs Dickinson, dama giovane, troppo modesta (perché la sua modestia non è senza affettazione), ed intollerabile, perché essendo giovane ed affettando una esagerata modestia, à poi il coraggio di mettersi una libbra di rosso sulla faccia. A questa dipinta susseguiva Miss Mac Daniel...[115]

SILVIO PELLICO AD AMALIA SCHNEIDER MARONCELLI

[Torino, 23 ottobre 1842][116]

---

[115]   Brano pubblicato in M. GAVELLI, *Piero Maroncelli. L'uomo, il musicusta, il patriota*, Forlì, Cartacanta, 2010, p. 77.

[116]   *Madame Amalia Maroncelli 9 Rue St Pierre Montmartre chez Mad. Fustier Paris*
    Autografo nella Biblioteca Comunale di Forlì. Pubblicata in *Rassegna storica del Risorgimento* del 1918, p. 720.

Signora Amalia gentil. ^{ma}

Avrò presto un'occasione per mandare spero una buona lettera lunga al mio caro Piero, al quale avrei molte cose a dire. Or non mi sento salute sufficiente; l'autunno m'ha nuovamente recato un affanno di petto. Scusi, Signora, se appena le scrivo poche righe per ringraziarla della lettera inviatami per mezzo di Mad. Saxe e per esprimerle altresì il piacere che ho provato vedendo che la carissima Silvia già comincia a scrivere.. Porto nel mio cuore questa amabile fanciulla ed i suoi genitori. Farò sempre i più sinceri voti per la loro felicità. Tante cose a Piero. – Bisogna ch'io cessi. Silvio Pellico

23 ottobre 1842

PIERO MARONCELLI A GAETANO DONIZETTI

[New York, 30 luglio 1843][117]

Tu non avrai dimenticato i begli anni di gioventù, passati insieme a Bologna. Tu al Liceo Musicale, io a questo e all'Università. Mia moglie fu a Parigi l'anno scorso, per quasi sei mesi ed ebbe la fortuna d'incontrarti: quanto ne l'ò invidiata! Basta non è ancora perduta la speranza di rivederti una volta prima di morire.

FELICE FORESTI A PIERO MARONCELLI

---

[117] Pubblicata in *Piero Maroncelli. L'itinerario di un romantico dalla Carboneria al Fourierismo nell'età della Restaurazione*, cit. , pp.116- 117.

[1842][118]

Carissimo Piero, non avendo io dubitato giammai del tuo caldo
e sincero patriottismo – io te ne darà una prova nel mandarti il
numero I° di uno scritto periodico che la «Propaganda Italiana»
–intende di pubblicare per l'Europa: e segretamente spargere in
Italia – con l'oggetto di elevare la dignità morale e civile del
povero operaio giornaliero- la cui carta è la più possente in
numero a tutto il mondo – insomma dal n. I accluso capirai
tutto... [...] adoperati con quell'alacrità che il tuo bel cuore- ed
il tuo patriottismo ti ispirano; e credimi il tuo sincero amico
Felice Foresti

ATTILIO BANDIERA A PIERO MARONCELLI

[1843][119]

Di Pellico non saprei darvi notizie. Soltanto (permettete che
con franchezza io esprima il mio sentimento) duolmi che la
mansuetudine soffocò in lui ogni più energico spirito.
Perdoniamo pure ma ciò non ci tolga di opporci con ogni

---

[118]   Autografo nella Biblioteca Comunale di Forlì, Fondo Maroncelli,
Autografi, Busta IX, 9/111, pubblicata in L'esule Pietro Maroncelli tra
Europa e Stati Uniti una trafila particolare di Sara Samori scaricabile da:

    http://www.academia.edu/4129014/Lesule_Pietro_Maroncelli_tra_
Europa_e_Stati_Uniti_una_trafila_particolare_Sara_Samori
[119]   Autografo nella Biblioteca Comunale di Forlì. Pubblicata in F.
BUGANI, *Piero Maroncelli*, Forlì, 1995, p. 19.

perseveranza all'ingiustizia; e questa in Italia è tutt'altro che finita.

PIERO MARONCELLI A SUA MOGLIE AMALIA

[s.d ma databile all'estate del 1844][120]

Debbi sapere che ho avuto un attacco terribile dei miei spasimi al tronco, come non ho avuto mai il simile.; che non ò potuto vincerli che con bagni bollenti, per fare cessare lo spasimo, il che s'ottenuto solo a capo di quattro brucianti e lunghissime immersioni.

---

[120]   Autografo nella Biblioteca Comunale di Forlì.
        Pubblicata in *Piero Maroncelli. L'itinerario di un romantico dalla Carboneria al Fourierismo nell'età della Restaurazione*, Forlì, 1997, p. 117.

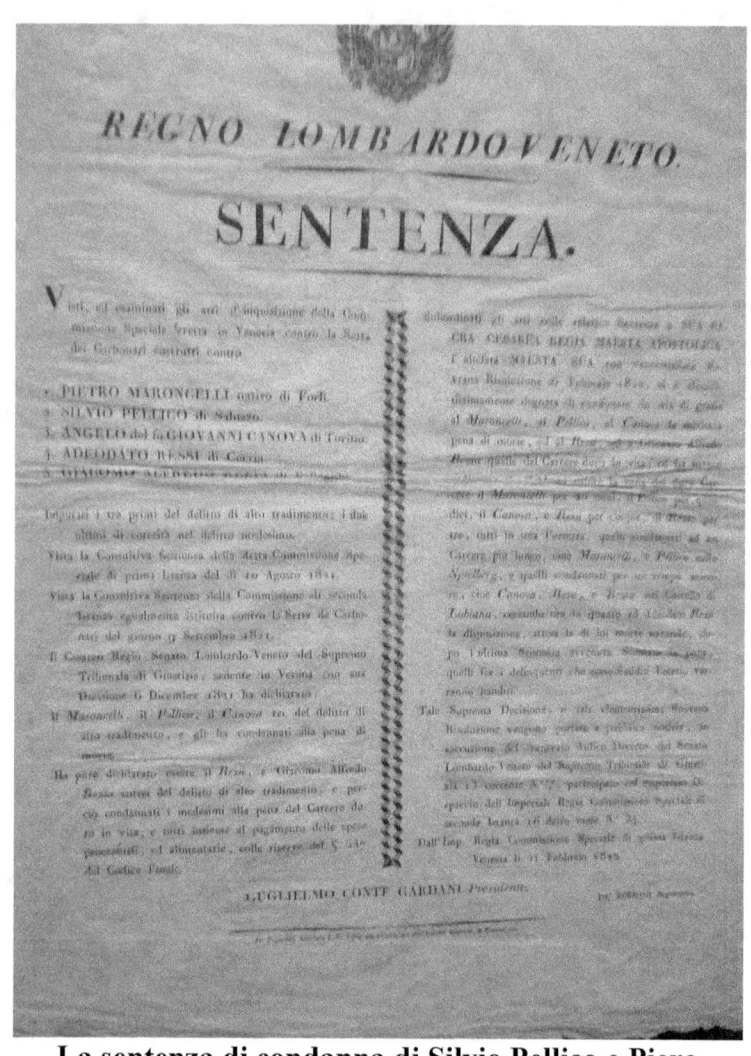

La sentenza di condanna di Silvio Pellico e Piero Maroncelli tratta da:

iovanni Canova - Venezia - 21-02-1822 -
manifesto su carta.JPG

SCHEDE BIOGRAFICHE DEI CORRISPONDENTI DI PIERO MARONCELLI:

<u>GIOVANNI ARRIVABENE</u>

Da Wikipedia, l'enciclopedia libera.

sen. Conte Giovanni Arrivabene

Parlamento del
Regno d'Italia
Senato del
Regno d'Italia

Luogo nascita	Mantova
Data nascita	24 giugno 1787
Luogo morte	Mantova
Data morte	11 gennaio 1881
Professione	economista

Data	29 febbraio 1860

Incarichi parlamentari
commissione per la revisione del regolamento del Senato (14 aprile 1860 - 28 dicembre 1860)
commissione per l'esame del progetto sull'istruzione superiore (28 novembre 1861)
Pagina istituzionale

Giovanni Arrivabene (Mantova, 24 giugno 1787 – Mantova, 11 gennaio 1881) è stato un patriota, politico ed economista italiano.

Stemma degli Arrivabene

Biografia
Figlio del conte Alessandro e di Adelaide Malaspina della Bastia, durante l'occupazione napoleonica fu costretto all'esilio insieme alla famiglia, ritenuta leale all'Austria.

Di idee liberali, rientrato in Patria con la Restaurazione, fondò nei suoi possedimenti una scuola di mutuo insegnamento, frequentata da duecento fanciulli. L'impronta liberale suscitò i sospetti degli austriaci, che imposero la chiusura della scuola e arrestarono Arrivabene (1821). Rilasciato, si rifugiò dapprima in Svizzera, quindi in Belgio e infine a Londra. Nell'ambito del processo che condannò i cospiratori milanesi a capo dei quali il tribunale austriaco pose il conte Federico Confalonieri, il 21 gennaio 1824 Giovanni Arrivabene fu condannato a morte in contumacia[1] . La confisca dei beni e la condanna capitale gli furono revocate nel 1838.

Prese parte ai moti del 1848 in Lombardia e, dopo la loro repressione, trovò nuovamente rifugio in Belgio, dove si dedicò ad opere benefiche.

Nel 1859 rientrò in Patria e l'anno seguente fu nominato Senatore del Regno.

Pubblicò volumi di economia e di storia e le Memorie della mia vita[2].

Onorificenze

 Grand'Ufficiale dell'Ordine dei Santi Maurizio e Lazzaro
— 18 dicembre 1862

 Cavaliere di Gran Croce decorato di Gran Cordone dell'Ordine dei Santi Maurizio e Lazzaro
— 9 maggio 1866

 Grand'Ufficiale dell'Ordine della Corona d'Italia
— 22 aprile 1868

 Cavaliere di Gran Croce dell'Ordine della Corona d'Italia
— 1875

 Cavaliere dell'Ordine Civile di Savoia
— 1879

Note

^ Storia di Mantova dalla sua origine fino all' anno 1860, compendiosamente narrata al popolo, Tipografia Benvenuti, 1865, pag. 376.

^ Enciclopedia Italiana Treccani (1939), voce «Arrivabene Giovanni»; Enciclopedia Motta (1990), voce «Arrivabene Giovanni»

ATTILIO BANDIERA

Attilio Bandiera (Venezia, 24 maggio 1810 – Vallone di Rovito, 25 luglio 1844) ed Emilio Bandiera (Venezia, 20 giugno 1819 – Vallone di Rovito, 25 luglio 1844) sono stati due patrioti italiani.

Attilio Bandiera ritratto da Giuseppe Pacchioni,compagno di spedizione,nel carcere di Cosenza prima dell'esecuzione

Biografia

Nobili, figli del barone Francesco Giulio Bandiera, ammiraglio, e di Anna Marsich; a loro volta ufficiali della Marina da guerra austriaca, aderirono alle idee di Giuseppe Mazzini e fondarono una loro società segreta, l'Esperia (nome col quale i greci indicavano l'Italia antica) e con essa tentarono di effettuare una sollevazione popolare nel Sud Italia.

Spedizione in Calabria

Nel marzo 1844 a Cosenza, in Calabria scoppiò un moto durante il quale il capitano Galluppi, figlio del grande filosofo Pasquale Galluppi, trovò la morte. In breve tempo ritornò la calma e con la calma il processo, dove furono condannate a morte 21 persone, delle quali solo sei furono giustiziate.

Emilio Bandiera ritratto da Giuseppe Pacchioni,compagno di spedizione,nel carcere di Cosenza prima dell'esecuzione.

Il 13 giugno 1844, i fratelli Emilio e Attilio Bandiera, disertori della marina austriaca, partirono da Corfù (dove avevano una base allestita con l'ausilio del barese Vito Infante) alla volta della Calabria seguiti da 17 compagni, dal brigante calabrese Giuseppe Meluso e dal corso Pietro Boccheciampe. Il 16 giugno 1844 sbarcarono alla foce del fiume Neto, vicino Crotone e appresero che la rivolta scoppiata a Cosenza si era conclusa e che al momento non era in corso alcuna ribellione all'autorità del re[1]. Pur non essendoci alcuna rivolta i fratelli Bandiera vollero lo stesso continuare l'impresa e partirono per la Sila. Il Boccheciampe, appresa la notizia che non c'era alcuna sommossa a cui partecipare, sparì e andò al posto di polizia di Crotone per denunciare i compagni. L'allarme dato, raggiunse anche la cittadina di San Giovanni in Fiore, e più precisamente

« ...giorno 19 giugno del 1844. In punto che corrono le ore 18 (ore 14 correnti), è qui che giunse la triste notizia che il bandito Giuseppe Meluso di San Giovanni in Fiore, da molti anni rifugiò in Corfù, sia disbarcato nelle marine del Marchesato, con un mediocre numero di persone abbigliate alla militare , ed introdottisi in tenimento di Cerenzia e Caccuri, limitrofo a questo capuologo, col disegno di perturbare la pubblica quiete »
(ASCS Imputati politici - Inserito nel libro La spedizione in Calabria dei Fratelli Bandiera,di Salvatore Meluso, Rubbettino editore, 2001)

Cattura

Subito iniziarono le ricerche dei rivoltosi ad opera delle guardie civiche borboniche. Proprio quando il gruppetto si trovava alle porte di San Giovanni in Fiore, vennero avvistati dalle guardie civiche partite dal paese, e in seguito ad alcuni scontri a fuoco, avvenuti presso la località della Stragola (dove oggi si trova un cippo in marmo commemorativo dell'eroiche gesta) nel comune di San Giovanni in Fiore, in cui persero la vita Giuseppe Miller e Francesco Tesei[2] vennero tutti catturati (meno il brigante Giuseppe Meluso che, buon conoscitore dei luoghi, essendo egli stesso originario di San Giovanni in Fiore, riuscì a sfuggire alla cattura). Vennero prima portati presso le prigioni della cittadina silana e precisamente rinchiusi nelle celle di Palazzo Lopez, tranne i feriti che vennero trasportati immediatamente a Cosenza, mentre i caduti Miller e Tesei vennero seppelliti nella Chiesa dell'Annunziata nella cittadina silana[3]. I catturati furono portati dinanzi la corte marziale, che li condannò a morte. Il re

Ferdinando II questa volta fu severo e ne graziò pochi; i fratelli Bandiera con altri sette compagni, Giovanni Venerucci, Anacarsi Nardi, Nicola Ricciotti, Giacomo Rocca romagnolo di Lugo di Ravenna, Domenico Moro, Francesco Berti romagnolo di B.cavallo (RA) che vi ha intestato la locale Scuola Media e Domenico Lupatelli, vennero fucilati nel Vallone di Rovito nei pressi di Cosenza il 25 luglio 1844[4]. Le salme dei nove fucilati, prima furono seppellite nella chiesa di Sant'Agostino e poi nel Duomo di Cosenza. Quelle dei fratelli Bandiera e di Domenico Moro rientrarono a Venezia il 18 giugno 1867, circa un anno dopo la liberazione della città al termine della Terza guerra di indipendenza. Le tre salme sono sepolte nella Basilica dei Santi Giovanni e Paolo[5]. Tra i sopravvissuti dei compagni di spedizione, la cui pena fu tramutata in ergastolo, vi furono anche Carlo Osmani di Ancona e Giuseppe Tesei di Pesaro, fratello di Francesco, caduto durante gli scontri.[6]. Furono condannati al carcere a vita anche Giovanni Vanessi di Venezia e Giuseppe Pacchioni di Bologna, che bravo incisore, durante le prigioni in Cosenza disegnò i volti di sei dei suoi compagni di cella.

Testo tratto da:
http://it.wikipedia.org/wiki/Fratelli_Bandiera

FEDERICO CONFALONIERI

Da Wikipedia, l'enciclopedia libera.

Federico Confalonieri (Milano, 6 ottobre 1785 – Hospental, 10 dicembre 1846) è stato un patriota italiano.

Federico Confalonieri

Biografia

Nato in una famiglia nobile e devota all'Austria, fin da giovane appoggiò l'ideale dell'Italia unita. Nel 1806 sposò Teresa Casati, che condivise i suoi progetti e lo aiutò durante i tanti infortuni che costellarono la sua vita. Risulterebbe essersi iscritto alle logge massoniche. Confalonieri era uno dei grandi magnati lombardi, di nobile ed antica casata, potente sotto gli Asburgo e sotto Napoleone. Era senatore a Milano del Regno d'Italia con Re Napoleone Bonaparte.

Fu un duro oppositore del regime napoleonico. Contribuì alla fine del Regno Italico del Viceré Beauharnais, nonostante che questi nella vittoriosa battaglia sul Mincio dell'8 febbraio 1814, avesse fermato gli austriaci del Feldmaresciallo Bellegarde, aiutando il partito filo austriaco del quale faceva parte nel rovesciamento del governo. Fu uno di coloro che aizzò la folla il 20 aprile 1814 presso il Palazzo del senato; i disordini che ne conseguirono portarono al linciaggio del Ministro delle Finanze Giuseppe Prina. Lo stesso Confalonieri, appena un mese dopo il ritiro di Beauharnais, mentre guidava una sfortunata delegazione milanese inviata a Parigi ad implorare l'indipendenza alle potenze alleate, scrisse una nota lettera alla moglie Teresa, con parole che costituiscono l'ammissione del proprio scetticiscmo:

« per arringar la causa di una nazione vòglionsi baionette, non delegazioni »

Poi passò i successivi quattro anni a difendersi dalle accuse di aver organizzato l'assalto al Senato e l'uccisione del Prina. Ad esempio, il 28 marzo 1815 scrisse una lettera a Francesco Melzi d'Eril, protestando la propria innocenza. Questi gli rispose:

« le ire non s'infiammano senza grave danno della pubblica e privata causa. La discordia non è conciliabile con nessuna speranza di bene. Non si deve usurpare il dominio del tempo, perché non è mai senza compromettere l'avvenire. »

Dopo la restaurazione partecipa alla nascita del periodico letterario *Il Conciliatore* ed aderisce alla Carboneria. Propugnò alcune riforme progressiste in ambito economico e sociale ed allo scoppio dei moti del 1820-21, organizzati da Piero Maroncelli e Silvio Pellico, viaggiò in varie parti della Lombardia e partecipò attivamente all'insurrezione. Il 13 dicembre dello stesso anno venne arrestato nella sua dimora dalla polizia austriaca e fu condannato a morte, pena poi commutata nell'ergastolo da scontare nella prigione asburgica dello Spielberg, presso Brno, la stessa sorte toccata a Maroncelli e Pellico, a seguito del loro celebre processo.

La pena gli venne commutata nel 1835 nella deportazione in America. ma nel 1837 tornò clandestinamente in Italia, poi passò per Francia (da dove venne espulso), Belgio e Svizzera. Animatore del liberalismo antiaustriaco, nel 1839 prese casa a Mendrisio facendo valere un antico diritto di patriziato (egli era conte), ma dopo un breve soggiorno riparò a Parigi: morì improvvisamente durante un viaggio di trasferimento tra la capitale transalpina e la Lombardia. I suoi resti mortali riposano accanto a quelli dell'adorata Teresa dei conti Casati (1787-1830), la prima consorte, presso il monumentale Mausoleo Casati Stampa di Soncino nel cimitero urbano di Muggiò (Monza e Brianza).

Bibliografia
- L. Ambrosoli, «CONFALONIERI, Federico». In: *Dizionario Biografico degli Italiani*, Vol. XXVII, Roma: Istituto della Enciclopedia Italiana, 1982

GAETANO DE CASTIGLIA

Nato a Milano il 30 ottobre 1794, figlio di un ricco avvocato, Gaetano De Castillia è allievo del collegio aperto in Vimercate dai frati Fraticelli.

Avvicinatosi alle idee della carboneria, viene denunciato alla polizia come sovversivo reo di macchinazione contro lo Stato.

Arrestato il 2 dicembre 1821, nel 1824 viene pronunciata la sentenza di morte da eseguirsi con la forca, condanna poi commutata in 20 anni di carcere duro da espiare nella fortezza dello Spielberg.

Nel 1835 ottiene la commutazione della pena con l'emigrazione in America: liberato il 18 ottobre 1836 si trasferisce a New York. Due anni dopo, una nuova amnistia consente a Gaetano De Castillia di ritornare in Europa ma, innamorato di Alice Grant, una giovane inglese conosciuta a New York, presto ritorna in America.

Nel 1843 torna definitivamente in Italia e qui si avvicina in modo particolare ai nipoti, soprattutto a Teresa Strambio, sposa di Giovanni Careno da Vimercate e figlia dell'amata sorella Carolina. Luogo di residenza è il palazzo tuttora esistente di Via Cavour, segnalato da una lapide commemorativa.

In questi anni aumentano i soggiorni a Vimercate, tanto che in una lettera del 1864 Gaetano De Castillia scrive: "Vimercate? luogo che sceglierei per passarvi gli ultimi miei giorni".

Nominato Senatore del Regno, il 12 maggio 1870 Gaetano De Castillia muore a Vimercate dove viene tumulato.

Riferimenti bibliografici:

- Banfi A., Gaetano De Castillia un amico di Vimercate, in "Città di Vimercate", 9 (1969), n. 13.
- Cazzani E., Storia di Vimercate, Vimercate, Penati, 1975.
- Penati L., Vimercate, raccolta di notizie storiche, Vimercate, Penati, 1957.

Scheda tratta da:
http://valla.homelinux.org:8080/sezioni/002/002/001/010/

ZOE DE GATTI GAMOND

Zoé de Gamond
Un article de Wikipédia, l'encyclopédie libre.

Zoé Charlotte de Gamond, née à Bruxelles le 11 février 1806 et décédée le 28 février 1854, est une éducatrice et féministe belge qui a écrit sous le pseudonyme de Marie de G***.

Biographie

Zoé de Gamond est née dans une famille libérale aisée. Son père, Pierre-Joseph de Gamond, a été gouverneur de la province d'Anvers à l'époque du Royaume-Uni des Pays-Bas. Sa mère, Isabelle-Angélique de Lados, était d'origine noble et a tenu des salons politiques et philosophiques dans les années 1820 auxquels Zoé participe et qui l'amenèrent à avoir une vie active en politique, surtout après les événements révolutionnaires de 1830. Elle a été avocate et professeure à partir de 1830 dans le Royaume de Belgique.

Zoé est à l'origine partisane de Saint-Simon. John Bartier la décrit, ainsi que sa sœur Élise, comme « deux saint-simoniennes prêtresses » répandant la doctrine « avec zèle et succès »[1]. Cependant les théories d'émancipation sexuelle prônées par les saint-simoniens leur paraissent bien trop audacieuses, elles s'en détournent.

«Si les Saint-Simoniens ou plutôt les Enfantinistes ont abordé pleinement le sujet de la condition actuelle des femmes et se sont montrés justes et solides dans la partie critique de leurs théories, ils se sont montrés inhabiles et grossiers dans la partie créatrice et affirmative. Leurs principes n'ont abouti qu'à faire monter la rougeur au front des femmes, et à leur faire souhaiter que l'on ne s'occupât point de leur sort plutôt que de s'en occuper pour un tel scandale. »

— Marie de G*** (pour Zoé de Gamond), De la condition sociale des femmes au XIXe siècle[2]

Zoé de Gamond se rallie alors aux idées de l'utopiste socialiste Charles Fourier, auteur d'une doctrine utopique basée sur l'égalité des personnes. Au début des années 1830, elle soutient activement des exilés politiques italiens et polonais. Elle publie de nombreux articles dans le Recueil encyclopédique belge, dans la revue de littérature italienne L'Exilé ou encore dans L'Artiste, essentiellement comme critique artistique et littéraire. C'est à cette époque qu'elle rencontre le nationaliste polonais Jan Czyński avec qui elle entretiendra une tumultueuse et longue amitié. Elle a également écrit sur le féminisme au milieu des années 1830. Elle épouse le 18 mai 1835 l'artiste italien Jean-Baptiste Gatti (1800-1877).

À la fin des années 1830, le couple quitte Bruxelles pour Paris, elle écrit Fourier et son système, un ouvrage sur la philosophie de Fourier qui sera réédité cinq fois et aussi traduit en anglais. Elle retrouve Czyński à Paris avec qui elle écrit un roman consacré à l'émancipation rurale, Le Roi des paysans (Paris, 1838). Elle édite, toujours avec Czyński, la revue Le Nouveau Monde de 1839 à 1840.

Avec le soutien d'un riche fouriériste anglais, Arthur Young, elle achète en septembre 1841 un monastère en Bourgogne à Saint-Nicolas-lès-Cîteaux, l'abbaye de Cîteaux afin d'y établir un phalanstère qui fonctionnera jusqu'en 1846 et qui se révèlera être un désastre financier. Le phalanstère était conçu afin d'accueillir 600 personnes mais, au début de 1843, il n'en abritait tout au plus que 167.

Le couple de Gamond retourne à Bruxelles et y mène une vie de pauvreté relative.

Grâce à l'appui de Charles Rogier, Zoé de Gamond est nommée inspectrice des écoles maternelles, primaires et normales. C'est la première fois qu'une femme occupe ce poste. Elle a publié plusieurs manuels d'enseignement, ainsi qu'un ouvrage au sujet des asiles d'aliénés.

Elle est la mère de trois filles dont Isabelle Gatti de Gamond, avec qui elle a souvent été confondue.

Zoé de Gamond meurt en 1854, à l'âge de 48 ans, dans un relatif anonymat.

Bibliographie

Œuvres de Zoé de Gamond
Fourier et son système, Paris : [s.n.], 1840
Réalisation d'une commune sociétaire d'après la théorie de Charles Fourier, Paris : Capelle, 1840
Le monde invisible, Bruxelles : [s.n.], 1846
Paupérisme et association, Bruxelles : Méline, Cans et Co, 1846
Manuel des salles d'asile et des écoles primaires, avec un questionnaire, d'après la méthode de Pestalozzi, Bruxelles : Deprez-Parent, 1851.

Références
↑ Naissance du socialisme en Belgique, les Saint-Simoniens, Bruxelles, PAC, 1985, p.29
↑ Revue Encyclopédique, décembre 1832, p.599

ANTOINE DE LATOUR (Pellico e Maroncelli lo scrivevano staccato e anche nelle varie traduzioni che ha fatto si trova il cognome scritto sia Delatour sia De Latour)

Antoine de Latour
De Wikipedia, la enciclopedia libre

Antoine de Latour (Saint-Yrieix-la-Perche, 1808 – Sceaux, 1881), escritor, hispanista, italianista y viajero francés.

Biografía

Latour dirigió la educación del duque de Montpensier, hijo del rey Luis Felipe. Posteriormente, fue nombrado su primer secretario cuando se casó en 1846 con la infanta Luisa Fernanda, hermana de Isabel II. Tras la revolución de 1848, que decepcionó sus ideales monárquicos, se trasladó con en la comitiva del Duque a España y allí residió largos años interesándose por su arte y cultura. El duque, amigo de de intrigas políticas, se vio forzado a marcharse de Madrid e instalarse en Sevilla y en Sanlúcar de Barrameda y allí lo siguió su fiel amigo y secretario. Afín a los postulados del Romanticismo, le sedujo la figura de Miguel de Mañara, sobre quien escribió una biografía. Fue muy amigo de la escritora Cecilia Böhl de Faber (Fernán Caballero), con quien mantuvo una caudalosa correspondencia, y también se trató con Pedro Antonio de Alarcón y otros escritores. Consagrado al principio a la poesía, escribió después libros de viajes, algunos de ellos sobre España y en particular sobre Toledo y Andalucía; en ellos hay bastantes errores, porque el autor no presumía de erudito, pero era un escritor sumamente curioso, ameno y entretenido. Con ellos abrió las puertas al hispanismo francés de los posteriores Prosper Merimée y Louis Viardot. Tradujo además y editó la obra de Alessandro Manzoni y las *Memorias* de Vittorio Alfieri, así como las obras completas de Honorat de Bueil Racan.

Obras

- *Poésies complètes*, 1841.
- *Voyage de S. A. R. Monseigneur le duc de Montpensier a Tunis en Egypte, en Turquie et en Grece: Lettres*, Paris: Arthus Bertrand Libraire-Editeur, 1847.
- *Études sur l'Espagne. Séville et l'Andalousie*, 1855.
- *Estudios sobre España: Sevilla y Andalucía.* Traducción, introducción y notas de Manuel Bruña Cuevas. Sevilla: Ayuntamiento de Sevilla, Instituto de la Cultura y las Artes de Sevilla (ICAS), 2008.
- *Don Miguel de Mañara: sa vie, son discours sur la vérité, son testament, sa profession de foi.* (Paris: Lévy, 1857).
- *Tolède et les bords du Tage: nouvelles études sur l'Espagne.* Paris: Michel Lévy Frères, Libraires Éditeurs, 1860 (Simon Raçon et Comp.)
- *Sevilla y Andalucía: estudios sobre España.* Introducción de Alberto González Troyano. Sevilla: Renacimiento, 2006.
- *L' Espagne religieuse et littéraire* (Michel Lévy frères, 1863).
- *Études littéraires sur l'Espagne contemporaine*, 1864.
- *Espagne* (Didier, 1869).
- *Valence et Valladolid* (E. Plon et Cie., 1877).
- *Psyché en Espagne* (G. Charpentier, 1879).

- *La Bahía de Cádiz de Antoine de Latour* (Diputación Provincial de Cádiz, 1986).
- *Viaje por Andalucia de Antonio de Latour (1848)* (Castalia, 1954).

GAETANO DONIZETTI

Gaetano Donizetti
Da Wikipedia, l'enciclopedia libera.

Gaetano Donizetti

Domenico Gaetano Maria Donizetti (Bergamo, 29 novembre 1797 – Bergamo, 8 aprile 1848) è stato un compositore italiano, famoso soprattutto come operista. Scrisse 69 opere, musica sacra e da camera. Le opere di Donizetti oggi normalmente rappresentate nei teatri di tutto il mondo sono L'elisir d'amore, Lucia di Lammermoor e Don Pasquale. Con frequenza inferiore, sono allestite La Fille du régiment, La Favorite, Maria Stuarda, Anna Bolena, Lucrezia Borgia e Roberto Devereux.

Biografia

Nato a Bergamo da una famiglia di umile condizione, fu ammesso alle lezioni caritatevoli di musica tenute da Giovanni Simone Mayr (o Johann Simon Mayr) - da cui deriva l'attuale Istituto Superiore di Studi Musicali Gaetano Donizetti (il conservatorio di Bergamo) - e dimostrò ben presto un talento notevole, riuscendo a rimediare alla modesta qualità della voce (era necessario svolgere egregiamente il servizio di cantore per poter proseguire i corsi gratuiti) con i progressi nello studio della musica.

Esordi
Fu proprio Mayr ad aprire all'allievo prediletto le possibilità di successo curandone prima la formazione ed affidandolo poi alle cure di Stanislao Mattei. A Bologna, dove proseguiva gli studi musicali, Donizetti scrisse la sua prima opera teatrale, Il Pigmalione, che sarà rappresentata postuma, e interessanti composizioni strumentali e sacre. Qui, fra gli altri amici, ebbe modo di legarsi al musicista e patriota Piero Maroncelli, forlivese.
Ancora il maestro Mayr, insieme all'amico Bartolomeo Merelli, gli procurò la prima scrittura per un'opera al Teatro S. Luca di

Venezia: andrà in scena Enrico di Borgogna il 19 novembre 1818.

Gaetano Donizetti in una litografia di Josef Kriehuber del 1842

Conclusa l'esperienza veneziana, il compositore fu a Roma, presso l'impresario Paterni, come sostituto di Mayr. Sul libretto poco felice del Merelli (Donizetti lo avrebbe definito "una gran cagnara"), scrisse Zoraida di Granata, che sarebbe comunque stata revisionata due anni dopo, con l'aiuto del Ferretti. Al termine dell'opera si recò a Napoli per supervisionare l'esecuzione di Atalia di Mayr, oratorio diretto da Gioachino Rossini.

In seguito alla fuga del direttore con la Colbran, l'impresario Barbaja assunse Donizetti, che debuttò il 12 maggio del 1822 con La zingara, opera semiseria su libretto del Tottola. In sala era presente Vincenzo Bellini, che rimase ammirato dalla scrittura contrappuntistica del settimino, ma che in seguito non ricambiò la stima profonda che Donizetti aveva per lui.

Questo periodo fu caratterizzato dalle numerose farse. La lettera anonima, andata in scena nel giugno del 1822 al Teatro del Fondo, attirò l'attenzione della critica, che apprezzò la padronanza con cui Donizetti affrontò il genere buffo napoletano.

Il contratto con Barbaja lo impegnò per quattro opere l'anno. Subito dopo la rappresentazione di Alfredo il Grande, egli mise mano al Fortunato inganno, satira teatrale ispirata ai precedenti di Benedetto Marcello (Il Teatro alla moda, 1720) e di Carlo Goldoni (Il teatro comico, 1750) e che fu per Donizetti un esercizio preparatorio per Le convenienze e le inconvenienze teatrali, del 1827, in parte già accennato anche nel personaggio di Flagiolet della Lettera anonima.

Il libretto di quest'opera fu il primo che Donizetti scrisse da sé. Il compositore aveva avuto un periodo di crisi che superò grazie alla collaborazione di Jacopo Ferretti, il quale lo aiutò a delineare uno stile personale. L'amicizia e la collaborazione professionale con Ferretti durarono a lungo, destando in lui il gusto per la parola e rassicurandolo sulla possibilità di scrivere libretti anche da solo.

Negli stessi anni dovette preoccuparsi del mantenimento della moglie Virginia, sposata nel 1828, ed ebbe il dolore della perdita del figlio primogenito. La produzione fu spesso di routine.

Gli anni '30 e i primi capolavori

Targa dedicata a Donizetti in Via delle Muratte, Roma:

IN QUESTA CASA
ABITÒ GAETANO DONIZETTI
DI BERGAMO
E VI COMPOSE
IL FURIOSO E IL TORQUATO TASSO
S.P.Q.R.
1876

Fu nel 1830, con Anna Bolena, scritta in soli trenta giorni per il Teatro Carcano di Milano, che Donizetti ebbe il primo grande successo internazionale, mostrando una piena maturità artistica. Particolare curioso: dopo il successo di Anna Bolena, Mayr gli si rivolse chiamandolo Maestro. Il rapporto di affetto e stima tra i due compositori rimase saldo fino alla morte di entrambi.

Di qui in poi, la vita professionale di Donizetti proseguì a gonfie vele, anche se non mancarono i fiaschi, intrecciati a vicende familiari che non gli risparmiarono alcun dolore, spesso nei momenti di maggior gloria.

Nel 1832, dopo l'insuccesso di Ugo, conte di Parigi, il pubblico milanese del Teatro della Cannobiana (l'odierno Teatro Lirico) applaudì L'elisir d'amore, su libretto di Felice Romani da una commedia di Eugène Scribe. L'anno successivo, sempre a Milano, fu presentata con successo Lucrezia Borgia, per la quale Donizetti previde una nuova disposizione dell'orchestra: quella utilizzata a tutt'oggi, con gli archi disposti a semicerchio davanti al podio.

Ricevette poi l'invito di Rossini a scrivere un'opera per il Théâtre des Italiens di Parigi: nacque il Marin Faliero, su libretto di Bidera (da Byron), risistemato da Ruffini, che andò in scena il 12 marzo 1835 senza successo.

Erano passati due mesi dalla rappresentazione dei Puritani di Vincenzo Bellini, quando l'andata in scena Lucia di Lammermoor ripropose la competizione milanese del 1832 fra Fausta e Norma. La stima fra Bellini e Donizetti non fu affatto reciproca: il primo non risparmiò critiche feroci al secondo, che invece rimase sempre ammirato dalla musica del catanese (Bellini morì in quell'anno e Donizetti scrisse per lui una Messa da Requiem).

Al Teatro San Carlo di Napoli, di cui fu sovraintendente, la prima di Lucia di Lammermoor, su versi di Salvadore Cammarano, fu un trionfo. L'opera è considerata un capolavoro, come al solito scritto in tempi ristrettissimi (trentasei giorni). L'anno seguente il Belisario fu applaudito alla Fenice, ma l'anno fu funestato dalla morte del padre, della madre e della seconda figlia. Due anni dopo sarebbero mancate anche la terza figlia e la moglie, che morì di colera il 30 luglio 1837.

Furono momenti di sconforto totale («Senza padre, senza madre, senza moglie senza figli... per chi lavoro dunque ? ...

Tutto, tutto ho perduto»), ma Donizetti non smise mai di lavorare, componendo in questi anni sia opere buffe che drammi romantici come Roberto Devereux e Maria de Rudenz.

La tarda maturità

Presto Donizetti si decise a lasciare Napoli: i problemi con la censura per il Poliuto (che alla fine non andò in scena, e fu rappresentato solo dopo la morte del compositore) e la mancata nomina a direttore del Conservatorio (di cui era direttore effettivo) sicuramente lo rinsaldarono nei suoi propositi, e nell'ottobre del 1838 era già a Parigi. Qui era ad accoglierlo l'amico Michele Accursi, spia pontificia, che aveva anche lavorato per favorirne la venuta.

In quegli anni le sue opere furono rappresentate ovunque, sia in traduzione che in lingua originale presso il Théâtre des Italiens. Scrisse La fille du régiment, che debuttò all'Opéra-Comique nel febbraio del 1840, e preparò una versione francese del Poliuto, intitolata Les martyrs.

L'anno seguente scrisse La favorita, riciclando pagine di un'opera mai conclusa: L'ange du Nisida. Ricevette anche l'importante nomina a cavaliere dell'Ordine di S. Silvestro da parte di papa Gregorio XVI, ma fu l'invito di Rossini a dirigere l'esecuzione dello Stabat Mater a Bologna l'avvenimento più significativo. Quindi, grazie ad una raccomandazione per Metternich vergata da Rossini stesso, Donizetti partì alla volta di Vienna, dove il 19 maggio presentò Linda di Chamounix.

Si era ormai giunti al 1843, anno di composizione del Don Pasquale. Il libretto, preparato da Ruffini sulla base del Ser Marcantonio di Anelli, fu pesantemente rimaneggiato da Donizetti, al punto che l'autore ritirò la firma: l'opera fu per lungo tempo attribuita a Michele Accursio. La firma M.A. sta invece per Maestro Anonimo. Nel frattempo si occupò della rappresentazione francese della Linda di Chamounix e terminò Maria di Rohan: furono gli ultimi momenti di grande fervore creativo, poi la malattia ebbe il sopravvento.

Dalla penna del Maestro uscirono ancora Dom Sebastien, che ottenne grande successo a Parigi, e Caterina Cornaro, che fu fischiata, con gran delusione di Donizetti, a Napoli. Poi la pazzia, provocata dalla sifilide, lo fece rinchiudere nel manicomio di Ivry-sur-Seine, da cui uscì solo qualche mese prima della morte.

Eleuterio Felice Foresti
Da Wikipedia, l'enciclopedia libera.
Vai a: navigazione, ricerca

ritratto di Eleuterio Felice Foresti del 1851 (tratto da "The Roman Republic of 1849", di Theodore Dwight)

Eleuterio Felice Foresti (San Biagio d'Argenta, 20 febbraio 1789 – Genova, 14 settembre 1858) è stato un patriota, accademico e diplomatico italiano naturalizzato statunitense, membro della Carboneria, professore di italiano alla Columbia University e primo console degli Stati Uniti a Genova.

Indice

- 1 Biografia
- 2 Note
- 3 Bibliografia
- 4 Collegamenti esterni

Biografia

Nel 1805 si arruola nelle truppe napoleoniche e nel 1809 si laurea in legge presso l'Università degli Studi di Bologna, venendo in seguito nominato nel 1811 dal Governo napoleonico Giudice di pace a Crespino (Rovigo) e nel 1814 viene confermato in questo incarico dal Governo austriaco.

Nel 1817 entra nella Carboneria nella Vendita di Ferrara ricevendo tutti i Gradi iniziatici. Gli viene affidato l'incarico di diffonderla negli Stati Austriaci.

La sua carriere come pubblico ufficiale prosegue e nel 1818 il 2 marzo viene nominato Pretore di Crespino (Rovigo).

Scoperto viene arrestato dalla polizia austriaca il 7 gennaio 1819 e il 24 dicembre 1820 viene emessa la sua sentenza di morte, poi commutata in 20 anni di carcere duro

Il 12 gennaio 1821 viene trasferito nel carcere dello Spielberg in Moravia dove condivide la prigionia con Silvio Pellico e con gli altri carbonari italiani. Con Silvio Pellico mantiene, negli anni a venire, un rapporto epistolare dal quale traspare un'amicizia intensa fatta di particolare affezione e stima reciproca. In una lettera inviata da Roma il 2 aprile 1852, Silvio Pellico gli scrive: *" ... Tu mi sei stretto da sacre memorie di lunga sventura e più dalla stima che allora tu m'hai ispirata e che ti conservo. Questo si appoggia non solo alla cognizione che ho de' tuoi pregi d'intelletto, ma alle testimonianze che mi sono date da molti dell'esempio costante che tu dai della tua saviezza e della tua bontà. Tu sei di quelli che oltre all'indole generosa, aggiungono il merito di veder le cose assennatamente..."* [1].

Nel 1835 gli viene offerta la possibilità scegliere il bando perpetuo negli Stati Uniti d'America in alternativa alla conclusione della pena allo Spilberg, nel marzo del 1836, viene trasferito al castello di Gradisca (Gorizia). Ai primi di agosto viene imbarcato a Trieste sul vascello *Ussaro* con destinazione New York, dove vi giunge il 16 ottobre 1836. Con lui viaggiano in esilio altri patrioti come Pietro Borsieri, Luigi Tinelli, Felice Argenti, Gaetano de Castillia e Giovanni Albinola.

Alla morte di Lorenzo Da Ponte, nel 1838, Foresti ottiene la cattedra di Lingua e Letteratura Italiana presso il Columbia College, una posizione che manterrà per quasi vent'anni. La sua opera più importante nel campo dell'italianistica è: *Crestomazia italiana: una collezione di pezzi selezionati a prosa italiana* (New York, NY: D. Appleton & Co., 1846).

Durante il periodo americano si distingue per l'attivismo nel sostegno della causa italiana, sia attraverso la raccolta di fondi che di sensibilizzazione dell'opinione pubblica. Funge da *trait d'union* tra Giuseppe Garibaldi e Giuseppe Mazzini.

A New York è presidente della *Società di benevolenza italiana* per istruire gli italiani incolti sulla morale religiosa e sull'educazione civile e promuove la fondazione di una scuola gratuita per fanciulli [1].

Nel 1841 diventa Cittadino Americano e utilizzando il nome E. Felix Foresti il 6 giugno, costituisce a New York la Congrega Centrale della Giovine Italia per l'America del Nord e gliene viene affidata la Presidenza.

In seguito nel 1850 fonda a New York "L'Esule Italiano", una rivista in lingua italiana e viene nominato Delegato del Triumvirato in America.

Nel maggio 1853, viene nominato dal Presidente degli USA Franklin Pierce, primo Console americano a Genova. Il governo savoiardo si oppose alla sua nomina a Console degli Stati Uniti d'America, proprio per i suoi trascorsi mazziniani. Alla fine appoggiò la Lega Nazionale del Pallavicino, ottenendo così l'exequatur dal Regno di Sardegna e fu lui che presentò Giuseppe Garibaldi a Camillo Benso, conte di Cavour. Il 3 maggio 1856, lascia New York. Il 14 settembre 1858, muore a Genova.

Foresti venne sepolto al Cimitero monumentale di Staglieno, sulla lapide vi è scritto:

"Eleuterio Felice Foresti da Conselice
insegna colla sola virtù del suo nome lagrimato
come fortezza d'animo,gentilezza di cuore e bontà d'ingegno
possano vincere la prova d'una immediata sventura
da che due anni di prigione in Venezia
dodici nella rocca dello Spielberg
e diciotto di onorato ed operoso esiglio in America
non valsero a scemargli fede nelle sorti della sua terra
che lo rivedeva alla perfine cittadino degli Stati Uniti
i quali affidavano il loro libero ed audace vessillo
a quelle mani che per libertà furono impedite di catene
moriva in Genova di anni LXIX
XIX settembre dell'anno MDCCCLVIII""

Per la sua morte lo scrittore americano Henry Theodore Tuckerman gli dedicò i seguenti versi, così tradotti in italiano:

"... Giovane di età, ei dilettavasi leggendo gli amori del Tasso ed i canti dell'Ariosto. D'animo fiero indomabile al cospetto del patibolo fatto innalzare dal despota, passava i migliori anni giovanili nei Piombi e colà udiva il vespro cantato nella chiesa di San Marco. Poscia sotto la volta solitaria della Rocca Moldava prolungava la cattività nella età virile con tutti i patimenti di inaudite privazioni. Egli mandato finalmente in esilio, spiegava in queste nostre contrade la sua dottrina, la quale dalle preziose labbra rivelavamo, laonde rendevasi a tutti caro e prezioso. Egli che sciolto dai ferri austriaci, su

queste sponde onorava la fede del martirio, tornava già vecchio alla sua Terra natale e colà morendo avviluppavasi nello stendardo le di cui stelle (Stemma degli Stati Uniti) illuminavano l'occidente..." [1].

Note

^ *a b c* Alessio Panighi, Documenti della Società dei Reduci dalle Patrie Battaglie e dell'Esercito, Massa Lombarda, 1903

Bibliografia

G. Monsagrati, «FORESTI, Felice Eleuterio». In: *Dizionario biografico degli italiani*, Vol. XLVIII, Roma: Istituto della Enciclopedia italiana, 1997

- Foresti, Felice *The fate of the Carbonari: memoirs of Felice Foresti*, traduzione di Howard R. Marraro, Italian Historical Society, New York, 1932. Ristampato dalla Columbia University, dicembre 1932
- Berthold, Dennis *"American Risorgimento: Herman Melville and the Cultural Politics of Italy"*, The Ohio State University Press, 2009.

BIANCA MILESI MOYON

Pittrice e patriota. Nasce a Milano da Elena Viscontini e da Giovan Battista Milesi. Per la sua educazione, nel 1796, all'arrivo dei Francesi, viene inviata in un convento di Firenze, dove, a causa della sua vivacità, è soprannominata dalle suore Malesi.

Ritornata a Milano, completa gli studi nei conventi di S. Sofia e di S. Spirito. Morto il padre nel 1804, Bianca viaggia a lungo con sua madre, di cui è figlia prediletta, e visita la Toscana e l'Umbria.

Decisa a diventare buona pittrice, viaggia all'estero e per molto tempo è a Roma per frequentare celebri scuole della classicità, dove conosce Canova ed è allieva di Hayez. Costui più tardi, tramite il salotto della Milesi, viene presentato alla società milanese.

Iniziata al femminismo dall'inglese Mary Edgeworth e dalla tedesca Sofia Reinhardt, decide di non essere solo pittrice ma di dedicarsi ad utili opere di rinnovamento sociale, educativo e politico; scrive libri per l'infanzia, romanzi popolari e raccoglie brani per antologie didattiche, si avvicina a Federico Confalonieri che sta organizzando una scuola di mutuo insegnamento.

Recide le trecce e adotta abiti e calzature semplici e più comode; gira, infatti, per Milano con scarponi militari, un bastone e con il Saggio sulla Tolleranza di Locke sempre sotto il braccio.

La politica interrompe nel 1820-'21 l'attività pittorica di Bianca; implicata nei moti milanesi del 1821, subisce vari interrogatori perché denunciata da Castiglia; è stata lei, infatti, a dipingere con l'immagine del tricolore lo stendardo degli studenti di Pavia e ad inventare la "carta frastagliata" con cui segretamente comunicavano i congiurati.

Fugge in Francia e in Inghilterra per sottrarsi alla continua sorveglianza della polizia e, rientrata in Italia nel 1823, incontra e sposa Carlo Mojon da cui ha due figli.

Amica di Cristina di Belgioioso è un elemento fondamentale della colonia milanese a Genova per l'organizzazione dell'ospitalità ai liberali lombardi di passaggio. Nel 1833 i coniugi Mojon si trasferiscono a Parigi dove Bianca conosce Cavour e ne presagisce il valore, come dimostrano le sue lettere alla Jacopetti.

Muore di colera a Parigi, a pochi giorni di distanza dal marito che si era prodigato durante la pestilenza nel 1848-'49.

Scheda tratta da:
http://www.url.it/donnestoria/testi/trame/milesi.htm

CARLO PEPOLI

Nato: Bologna 22/7/1796
Morto: Bologna 7/12/1881
Mandati: Sindaco. Dall'11 gennaio 1862. Nominato con Regio decreto, comunicato al Consiglio nella seduta del 2 gennaio 1862, assunse la carica l'11 gennaio. Scaduto a termine di legge nel 1866.

Conte, poeta e patriota partecipò alla rivoluzione del febbraio 1831 e firmò la dichiarazione di abolizione del potere temporale. Fu inviato come prefetto in provincia di Pesaro Urbino e, rifugiatosi ad Ancona, fu catturato e imprigionato dagli Austriaci a Venezia. Da qui passò in esilio a Marsiglia, e quindi a Parigi, dove frequentò i principali ritrovi intellettuali e a Londra dove ebbe la cattedra di letteratura italiana e dove sposò la scrittirce Elisabetta Ferus. Rimpatriato per un breve periodo nel 1848, fu commissario con poteri civili e militari a Roma e deputato dell'Assemblea romana. Rientrò definitivamente in patria nel 1859 anno in cui fu eletto deputato della Costituente delle Romagne. Nella VII e VIII legislatura fu eletto deputato di Finale e Mirandola e nominato senatore nel 1862. Dal 1860 insegnò Filosofia e lettere all'Università di Bologna. Fu anche membro dell'Accademia dei Felsinei, nella quale fece accogliere Leopardi, e autore di opere in prosa e poetiche, del libretto de "I Puritani" di Bellini e di un Vangelo di San Matteo in dialetto Bolognese. Fu segretario dell'Accademia di Belle Arti.

Bibliografia:

Mario Menghini, Pepoli Carlo, in Enciclopedia italiana di scienze, lettere ed arti, Roma, Istituto dell'Enciclopedia Italiana fondata da Giovanni Treccani, 1949. v. 25, p. 713.

Giancarlo Bernabei (a cura di), Dizionario dei bolognesi, Bologna, Santarini, c1989-1990. v. 2. p. 400-401

Scheda tratta da:

http://badigit.comune.bologna.it/sindaci/pepoli_c.htm

SILVIO PELLICO

Silvio Pellico
Da Wikipedia, l'enciclopedia libera.

Silvio Pellico

« Chi mente, se anche non scoperto, ha la punizione in sé medesimo; egli sente che tradisce un dovere e si degrada. »

Silvio Pellico (Saluzzo, 24 giugno 1789 – Torino, 31 gennaio 1854) è stato uno scrittore, poeta e patriota italiano, noto soprattutto come autore di Le mie prigioni.

Biografia

Vita pubblica

Nasce il 24 giugno 1789 a Saluzzo, cittadina attualmente in provincia di Cuneo, dal piemontese Onorato Pellico e dalla savoiarda Margherita Tournier. Sia Silvio che i quattro fratelli ricevono un'educazione cattolica. Dopo gli studi a Pinerolo e a Torino, Silvio si reca in Francia, a Lione, per fare pratica nel settore commerciale con lo zio. Al rientro in Italia, nel 1809, si stabilisce con la famiglia a Milano; qui trova lavoro come insegnante di francese presso il Collegio Militare. Giovane entusiasta della poesia neoclassica, frequenta Vincenzo Monti e Ugo Foscolo. Comincia allora a scrivere, specialmente per il teatro, tragedie in versi di impianto classico, come Laodamia (1813) ed Eufemio di Messina. Nello stesso periodo è precettore del piccolo Odoardo Briche. Alla caduta del regime napoleonico (1814) perde la cattedra di francese.

Il 18 agosto 1815 a Milano viene rappresentata la sua tragedia Francesca da Rimini [1]. La tragedia reinterpreta l'episodio dantesco alla luce delle influenze romantiche e risorgimentali del periodo lombardo. Dato che i compensi di casa Briche non bastano per il suo sostentamento, Pellico cerca occupazione in un'altra famiglia nobile. Nel 1816 si trasferisce a Magenta, nella casa del conte Porro Lambertenghi, dove assume l'incarico di istitutore dei figli Domenico (Mimino) e Giulio. Stringe relazioni con personaggi della cultura europea, come Madame de Stael e Friedrich von Schlegel, e italiana, come Federico Confalonieri [2], Gian Domenico Romagnosi e Giovanni Berchet. In questi circoli venivano sviluppate idee tendenzialmente risorgimentali, rivolte alla possibilità di indipendenza nazionale: in questo clima, nel 1818 viene fondata la rivista Il Conciliatore, di cui Pellico è redattore e direttore.

L'arresto di Pellico e di Maroncelli

Pellico e gran parte degli amici facevano parte della setta segreta dei cosiddetti "Federati"; questa venne scoperta dalla polizia austriaca. Il 13 ottobre 1820, Pellico, Piero Maroncelli, Melchiorre Gioia e altri vennero arrestati. Da Milano furono condotti alla prigione dei Piombi di Venezia, dove rimasero dal 20 febbraio 1821. Qui, il 21 febbraio 1822 venne letta la sentenza del celebre Processo Maroncelli-Pellico. Gli imputati furono condannati alla pena di morte. Per entrambi, però, la pena fu commutata: venti anni di carcere duro per Maroncelli, quindici per Pellico, da scontarsi nella fortezza di Spielberg. La notte fra il 25 ed il 26 marzo 1822 partirono: attraverso Udine e Lubiana giunsero alla fortezza dello Spielberg a Brno in Moravia.

Pellico visse in carcere per dieci lunghi anni. La dura esperienza carceraria costituì il soggetto del libro di memorie Le mie prigioni, che ebbe grande popolarità ed esercitò notevole influenza sul movimento risorgimentale. Metternich ammise che il libro danneggiò l'Austria più di una battaglia

148

perduta. Il Pellico scrisse anche le Memorie dopo la scarcerazione, testo andato perduto.

Dopo il ritorno alla libertà (1830) Silvio Pellico pubblicò altre tragedie: Gismonda da Mendrisio, Leoniero, Erodiade, Tommaso Moro e Corradino. Pubblicò anche il libro morale I doveri degli uomini (1834) e Poesie di genere romantico.

In procinto di emigrare per l'ostracismo di chi vedeva in lui un carbonaro, fu presentato ai marchesi di Barolo da Cesare Balbo. Venne assunto come segretario e bibliotecario di Giulia Colbert Faletti e rimase a Palazzo Barolo fino alla morte. Travagliato da problemi familiari e fisici, negli ultimi anni della sua vita interruppe la produzione letteraria.

Silvio Pellico morì il 31 gennaio 1854. È sepolto nel Cimitero monumentale di Torino (Campo primitivo Ovest, edicola n. 266).

Vita sentimentale

Silvio Pellico ebbe due storie d'amore, importanti nella sua vita [3].

La prima fu con l'attrice Teresa (Gegia) Marchionni. La relazione, contrastata dalla famiglia di Pellico (che non voleva vederlo unito ad un'attrice) e sofferta (perché all'inizio non ricambiata), si concluse bruscamente nell'ottobre del 1820 a causa dell'arresto dello scrittore [4].

La seconda fu con la nobildonna Cristina Archinto Trivulzio. Pellico si innamorò della Trivulzio nell'estate del 1819. Ma la sua amata sposò nel novembre dello stesso anno il conte milanese Giuseppe Archinto [5]. I due innamorati si rividero solamente nel 1836 [6], ma dovettero passare altri 11 anni prima di ritrovarsi definitivamente.

Religiosità

Durante la prigionia nel carcere dello Spielberg (1820-1830) iniziò per Silvio Pellico un periodo di profonda riflessione personale che lo portò a riabbracciare la fede cristiana che aveva abbandonato durante la giovinezza.

Un compagno di prigionia, il conte Antonio Fortunato Oroboni [7] lo avvicinò nella fede religiosa.

« "E se, per accidente poco sperabile, ritornassimo nella società" diceva Oroboni "saremmo noi così pusillanimi da non confessare il Vangelo? da prenderci soggezione, se alcuno immaginerà che la prigione abbia indebolito i nostri animi, e che per imbecillità siamo divenuti più fermi nella credenza?" "Oroboni mio" gli dissi "la tua dimanda mi svela la tua risposta, e questa è anche la mia. La somma delle viltà è d'esser schiavo de' giudizi altrui, quando hassi la persuasione che sono falsi. Non credo che tal viltà né tu né io l'avremmo mai. »

(Silvio Pellico, Le mie prigioni, cap. LXX.)

Durante i lunghi dieci anni di prigionia, il Pellico partecipò regolarmente alla messa domenicale. Dal carcere scrisse al padre nel 1822: Tutti i mali mi sono diventati leggeri dacché ho acquistato qui il massimo dei beni, la religione, che il turbine del mondo m'aveva quasi rapito [8]. Pellico ringraziò la Provvidenza dedicandole le ultime righe de Le mie prigioni:

« "Ah! delle mie passate sciagure e della contentezza presente, come di tutto il bene e il male che mi sarà ancora serbato, sia benedetta la Provvidenza, della quale gli uomini e le cose, si voglia o non si voglia, sono mirabili stromenti [sic] ch'ella sa adoprare a fini degni di sé. »

(Silvio Pellico, Le mie prigioni, cap. IC.)

Tornato in libertà, fu assunto dai marchesi di Barolo (Torino), Carlo Tancredi Falletti e Giulia Colbert [9], collaborando alle loro attività benefiche e religiose. Nel 1851 Pellico e Giulia Colbert Faletti entrarono nel laicato francescano come terziari.

Bibliografia
Opere
Edizioni originali
Eufemio di Messina tragedia di Silvio Pellico, Milano, Tip. di Vincenzo Ferrario, 1820.
Opere di Silvio Pellico da Saluzzo, Bologna, Tipografia delle Muse nel Mercato di Mezzo, 1821.
Opere di Silvio Pellico, Parigi, dai torchi di Amedeo Gratiot, presso Thiériot libraio, 1841.
Cantiche, Bologna, Presso il Nobili e Comp., 1831.
Le mie prigioni: memorie di Silvio Pellico da Saluzzo, Torino, Giuseppe Bocca, 1832.
Traduzioni francesi: Mes prisons: memoires de Silvio Pellico de Saluces, traduits de l'italien et precedes d'une introduction biographique par A. De Latour, ed. ornee du portrait de l'auteur et augmentee de notes historiques par P. Maroncelli, Paris, H. Fournier jeune, 1833. - Mes prisons: memoires de Silvio Pellico, traduction nouvelle, Bruxelles, Societé dis Beauxaris, 1839.
Traduzioni inglesi: My prisons: memoirs of Silvio Pellico, Cambridge, Folsom, 1836. - My imprisonment: memoirs of Silvio Pellico da Saluzzo, translated from the italian by Thomas Roscoe, Paris, Thieriot, 1837.
Traduzione spagnola: Mis prisiones: memorias de Silvio Pellico natural de Saluzo, traducidas del italiano por D. A. Rotondo, precedidas de una introduccion biografica y

aumentadas con notas de d. P. Maroncelli, 2ª ed., Madrid, Libreria extrangera de Denne y C., 1838.

Alle mie prigioni di Silvio Pellico addizioni di Piero Maroncelli, Parigi, Baudry Libreria Europea, 1833.

Tommaso Moro: tragedia di Silvio Pellico da Saluzzo, Torino, Giuseppe Bocca, 1833.

Dei doveri degli uomini: discorso ad un giovane di Silvio Pellico da Saluzzo, Torino, Giuseppe Bocca - A spese dell'Autore, 1834.

Riproduzione digitale interamente accessibile in Google Books.

Trois nouvelles piemontaises par Silvio Pellico, Paris, Ladvocat, 1835.

Poesie inedite di Silvio Pellico da Saluzzo, Parigi, Presso Baudry Libreria Europea (dalla stamperia di Crapelet), 1837.

Morale e letteratura. Scritti di Silvio Pellico e di Giuseppe Baretti, Padova, A. Sicca e figlio, 1848.

Opere complete di Silvio Pellico da Saluzzo, nuova ed. diligentemente corretta, Firenze, Le Monnier, 1852.

Notizie intorno alla beata Panasia pastorella valsesiana nativa di Quarona raccolte e scritte da Silvio Pellico, Torino, P. De Agostini, 1854 ("Collezione di buoni libri a favore della cattolica religione").

Epistolario di Silvio Pellico, raccolto e pubblicato per cura di Guglielmo Stefani, Firenze, Le Monnier, 1856.

Traduzione francese Lettres de Silvio Pellico, recueillies et mises en ordre par m. Guillaume Stefani, traduites et precedées d'une introduction par m. Antoine de Latour, 2ª ed., Paris, E. Dentu, 1857.

Edizioni postume e moderne [modifica]

Epistolario, raccolto e pubblicato per cura di Guglielmo Stefani, 1ª ed. napoletana, Napoli, Tommaso Guerrero, 1857.

Pensieri religiosi e morali, raccolti dalle sue lettere dal prof. Luigi Fabiani, Napoli, Tip. Napoletana, 1897.

Prose e tragedie, scelte con proemio di Francesco D'Ovidio, Milano, Ulrico Hoepli, 1898.

Lettere alla donna gentile, pubblicate a cura di Laudomia Capineri-Cipriani, Roma, Società editrice Dante Alighieri, 1901.

Lettere milanesi (1815-21), a cura di Mario Scotti, Torino, Loescher-Chiantore, 1963 (Supplemento al "Giornale storico della letteratura italiana").

Breve soggiorno in Milano di Battistino Barometro, cura di Mario Ricciardi ; con una appendice di articoli dal "Conciliatore", Napoli, Guida, 1983.

Giulia di Barolo, Viaggio per l'Italia: lettere d'amicizia a Silvio Pellico (1833-1834) - Silvio Pellico, Piccolo diario, Casale Monferrato, Piemme, 1994.

Vita della beata Panacea, con note storico-critiche a cura di Mario Perotti, Novara, Interlinea, 1994.

Opere derivate [modifica]

Le mie prigioni, sceneggiato televisivo RAI del 1968 diretto da Sandro Bolchi

Manoscritti

Saluzzo, Biblioteca Civica.

Le mie prigioni: memorie di Silvio Pellico da Saluzzo, a cura di Aldo A. Mola, introduzione di Giovanni Rabbia, manoscritto fotografato da Giancarlo Durante, Saluzzo, Fondazione Cassa di risparmio di Saluzzo (stampa: Foggia, Bastogi) 2004.

Alessandra Ferlenga, Un originale di Silvio Pellico nell'Archivio Storico di Busalla [Memoria di Silvio Pellico al cav. Cibrario per la Storia di Torino], Alta Valle Scrivia.

Cristina Contilli, Silvio Pellico: lettere inedite (1830-1853), tesi di dottorato, Università degli Studi di Macerata, discussa il primo marzo 2006.

Studi e contributi critici

Aleksandr Sergeevič Puškin, Su "I doveri degli uomini" di Silvio Pellico, l'articolo apparve sul Sovremennik nel 1836[11]

Pietro Giuria, Silvio Pellico e il suo tempo: considerazioni corredate da molte lettere inedite, poesie ed opinioni dello stesso Pellico, Voghera, Tip. di Giuseppe Gatti, 1854.

Alessandro Luzio, Il processo Pellico-Maroncelli secondo gli atti officiali segreti, Milano, Cogliati, 1903.

Giovanni Sforza (storico), Silvio Pellico a Venezia, 1820-1822, Venezia, R. Dep. Veneta di Storia Patria, 1917.

Raffaello Barbiera, Silvio Pellico, Milano, Alpes, 1926.

Marino Parenti, Bibliografia delle opere di Silvio Pellico, Firenze, Sansoni antiquariato, 1952.

Saluzzo e Silvio Pellico nel 150esimo de "Le mie prigioni", atti del Convegno di studio (Saluzzo, 30 ottobre 1983), a cura di Aldo A. Mola, Torino, Centro Studi Piemontesi, 1984.

Giancarla Bertero (a cura di), Rassegna bibliografica di opere di Silvio Pellico: 1818-1910, Saluzzo, Edelweis, 1989 ("Quaderni di attivita divulgativa dell'Assessorato per la Cultura della Città di Saluzzo" 1).

Miriam Stival, Un lettore del Risorgimento: Silvio Pellico, presentazione di Anna Maria Bernardinis, Pisa, Istituti editoriali e poligrafici internazionali, 1996 ("Biblioteca di studi e ricerche sulla lettura" 1).

Elvio Ciferri, Pellico Silvio, in «Encyclopedia of the Romantic Era», New York-London, Fitzroy Dearborn, 2004
Cristina Contilli, Composizione, pubblicazione e diffusione de Le mie prigioni. Un percorso attraverso l'epistolario di Silvio Pellico, Firenze, Edizioni Polistampa, 2004.
Giovanna Zavatti, Vita di Silvio Pellico e di Juliette Colbert marchesa di Barolo, Milano, Simonelli Editore, 2004.
Aldo A. Mola, Silvio Pellico: carbonaro, cristiano e profeta della nuova Europa, postfazione di Giovanni Rabbia, Milano, Tascabili Bompiani, 2005.
Leggi online due recensioni nel sito dedicato a Giovanni Giolitti.
Cristina Contilli, Le passioni di Silvio Pellico, Torino, Edizioni Carta e Penna, 2006.
Gabriele Federici, I Santuarii di Silvio Pellico, in "Otto/Novecento", a. XXXV, n. 1, gennaio/aprile 2011, pp. 125–129.

CAMILLO UGONI

Ugoni Camillo, letterato, patriota, (Brescia, 1784-Pontevico di Brescia, 1855)

Camillo Ugoni nacque a Brescia l'8 agosto 1784 da famiglia di antica nobiltà. Dopo aver studiato a Brescia e Parma, si dedicò agli studi letterari. Nel 1807 conobbe Ugo Foscolo, del quale divenne amico. Su esortazione di Federico Borgno tradusse i "Commentari" di Cesare, che dedicò a Napoleone, del quale era acceso sostenitore e che, nel 1811, lo creò barone. Dopo la morte di Giovan Battista Corniani ne proseguì il lavoro di ricostruzione biografica con l'opera "Della letteratura italiana nella seconda metà del sec. XVIII" (Brescia, 1820), influenzata tra l'altro dall'esempio del Sismondi. Di idee liberali, vicino al gruppo del "Conciliatore", fu coinvolto nei moti del '21 e, insieme a Giovita Scalvini e Giovanni Antonio Arrivabene, fuggì in Svizzera, quindi in Inghilterra e Francia. All'estero, distaccatosi sempre più dagli interessi politici, si dedicò agli studi letterari. Divenne collaboratore della "Biographie universelle" e del "Globe"; tradusse in italiano i "Saggi sul Petrarca" del Foscolo (1821), che aveva nuovamente incontrato in esilio. Sempre in esilio scrisse la "Biografia di L. Mascheroni" (Parigi, 1834) e la "Vita e scritti di Giuseppe Pecchio" (Parigi, 1836). Nel 1838, a seguito di un'amnistia, tornò a Brescia, ove riprese gli studi delle biografie di letterati, con la seconda parte di "Della letteratura italiana nella seconda metà del sec. XVIII", che però fu pubblicata postuma (1856-57) dal fratello Filippo, essendo Camillo Ugoni morto a Pontevico di Brescia il 12 febbraio 1855.

Bibliografia:

F. Ugoni, "Della vita e delle opere di Camillo Ugoni", in C. Ugoni, "Della letteratura italiana nella seconda metà del sec. XVIII", Milano, Bernardoni, 1856-1857, voll. 4
C. Ugoni, "Della letteratura italiana nella seconda metà del sec. XVIII", Milano, Bernardoni, 1856-1857, voll. 4
M. LUPO GENTILE, "Un patriota bresciano: Filippo Ugoni", in "Rivista d'Italia", febbraio 1910, pp. 295-322 (vi sono pubblicate alcune lettere di Filippo Ugoni al fratello Camillo)
M. LUPO GENTILE, "Voci d'esuli", Milano, L. Trevisini, 1911

"Enciclopedia storico-nobiliare italiana: famiglie nobili e titolate viventi riconosciute dal R. governo d'Italia compresi: città, comunità, mense vescovili, abazie, parrocchie ed enti nobili e titolati riconosciuti", promossa e diretta da V. Spreti, Milano, Enciclopedia storico-nobiliare italiana, 1928-1935, voll. 6 + voll. 2 di Appendici, Appendice n. 2 (D-Z), Milano, Stirpe, 1935, sub voce
M. PETROBONI CANCARINI, "Camillo Ugoni, letterato e patriota bresciano", Milano, SugarCo, 1974-1978, voll. 4 (vol. 1: Biografia; volumi 2, 3 e 4: Epistolario)
"Letteratura italiana. Gli autori. Dizionario bio-bibliografico e indici", Torino, Einaudi, 1990-1991, voll. 2, vol. 2 (H-Z), 1991,   p.   1763
"Guida agli archivi delle personalità della cultura in Toscana tra '800 e '900. L'area pisana", a cura di E. Capannelli e E. Insabato, Firenze, Olschki, 2000, pp. 51-53.

Scheda tratta da:
http://siusa.archivi.beniculturali.it/cgi-bin/pagina.pl?Chiave=111&RicProgetto=personalita&TipoPag=prodpersona

UNA BREVE PANORAMICA SUGLI AUTOGRAFI DI PIERO MARONCELLI IN CIRCOLAZIONE SUL MERCATO ANTIQUARIO:

http://www.liveauctioneers.com/item/4618660

Maroncelli, Pietro. Lettere autografe firmate.

Due lettere autografe in 8°, una delle quali firmata, datate luglio 1831.(2)

***"Mr Joli Voilà une lettre traduite en tres-mauvais Francais, que vous aure la bonté, apres de l'avoir corrigée, de inserer dans la National.(...)". La lettera-articolo s'intitola "Des prisons du Chateau St.Ange" e relaziona sulla condizione di prigioniero all'interno di Castel Sant'Angelo e altre riflessioni generali. Venne lì imprigionato nel 1817 a causa di un Inno a S.Jacopo considerato eretico e sedizioso..

Le due lettere sono state scritte da Parigi dove Maroncelli si trovava insieme al fratello Francesco già dal febbraio del 1831.

Maroncelli conosceva bene la prigione di Castel S.Angelo perché vi era stato rinchiuso per alcuni mesi nel 1817.

Voilà une lettre traduite en très mauvais
français, que vous aurez la bonté après de la
avoir corrigée, de l'insérer dans le Nationale.
Je vous en prie, par au nom de cette Patrie
qui nous est commune.

N'est-ce pas, Monsieur, que les lignes se re pau-
urd emprisonné au château St ange vous tou-
cheront, et que vous leur donnerez la préfé-
rence dans votre prochain numéro? J'en
suis sûr.

Mais cet emprisonné du château St ange
m'en rappelle un autre, savoir le pauvre
Mr. Andryane qui gémit au Spielberg dont
vous intéressez sans doute à ce qu'il en fut
parlé plus dignement.

Agréez Mr l'expression de ma haute consi-
dération

Pierre *illisible*

Ppe 1er ann *illisible* 61

[Maroncelli, Au sujet de P.] LAFAYETTE, Marie Jos. Gilbert Motier, marquis de (1757-1834) Général, héros de la guerre d'Indépendance américaine et de la Révolution française — L.A.S., 3/4 p. in-4 ; La Grange, 2.VI.1831. Piqûres. 1200.–

Extraordinaire missive prenant la défense de certains patriotes italiens dont le célèbre «carbonaro» Pietro MARONCELLI. Lafayette demande au ministre d'Agoult d'intervenir auprès du gouvernement autrichien pour qu'il soulage les peines de l'ami et malheureux compagnon de Silvio PELLICO : «... Vous connaissez les aventures de M. Maroncelli, milanais distingué, dont la longue captivité dans le Carcere duro de Spielberg a fini récemment, trop heureux de n'y laisser qu'une jambe et la moitié d'une cuisse coupées par un barbier sur le vû d'une permission longtemps attendue, quoiqu'il y eut progrès de gangrène combinée avec la discipline des prisons autrichiennes... ». Le général Carlo ZUCCHI (1777-1863), l'un des chefs de la révolution à Modène (fév./mars 1831) va être envoyé dans ces mêmes prisons «... en réponse à la lettre autographe du Roi des Français pour demander sa liberté, et on lui fera valoir la rémission de la peine de mort à moins qu'on ne mette de notre part beaucoup de fermeté pour obtenir qu'il ne soit pas puni de sa confiance dans notre bon contentement...», etc.

Si Pietro MARONCELLI (1795-1846) avait été gracié en 1830 en même temps que Silvio PELLICO – lequel fera de lui l'un des personnages les plus émouvants de son récit Le mie prigioni –, le vieux général Zucchi resta, lui, dix-sept ans dans les geôles autrichiennes; il ne recouvra la liberté qu'à la révolution de 1848 et devint en quelques instants le commandant de la forteresse de Peschiera... Le poids politique du roi Louis-Philippe n'avait semble-t-il pas une grande influence en 1831 sur le puissant empereur d'Autriche François Ier .

Questa lettera dimostra che la fiducia di Maroncelli in un possibile aiuto francese ai rivoluzionari italiani del 1831 era fondata e non era solo una sua speranza. Il generale Lafayette era un ammiratore ed amico della principessa Cristina Trivulzio Belgiojoso di cui anche Maroncelli frequentava il salotto ed è probabile che Lafayette e Maroncelli si siano conosciuti proprio attraverso la Trivulzio.

RISORGIMENTO - MARONCELLI, Pietro (1795-1846). Bella, lunga (quattro pagine 8° fittamente vergate) lettera autografa firmata a una Claudina gentilissima del patriota, scrittore e musicista romagnolo (uno dei compagni di prigionia di Silvio Pellico allo Spielberg), 9 aprile 1834: quando partiste da Londra avevo speranza di rivedervi a Parigi, e colà giungo (voi partita) credevo che vi avrei presto riveduta in Italia, e due anni sono passati e mi trovo sulle rive del Bosforo. Risorgimento cosmopolita e sentimentale.

In realtà questa lettera è di Francesco Maroncelli e non di Piero che non è mai stato in esilio a Londra. Francesco Maroncelli invece viaggiò molto in tutta Europa come medico personale del cantante lirico Lablache.

Negli atti di un convegno sulle origini della Croce Rosse ho trovato una dettagliata biografia di Francesco Maroncelli che contiene anche tre sue lettere inedite:

http://www.profpaolovanni.it/Convegno_Trieste.pdf

Nell'ultima di queste lettere datata 1852 Francesco Maroncelli scrive: *Voi sapete già che sono maritato e maritato ad una inglese che conoscevo da molti anni e nella compagnia della quale mi sono deciso di passare gli ultimi anni della mia vita. Questo stare solo e senza casa, e coll'albergo sulle spalle come una lumaca ha certo i suoi vantaggi che sono sopratutto pregievolissimi finchè dura la gioventù. Ma avvicinandosi la vecchiaia il bisogno del riposo e dei commodi si fa sentire, e non avendo io parenti amorevoli coi quali avessi potuto ritirarmi, ho deciso di prender moglie e ne sono contento.*

E così come il fratello Piero con Amalia anche Francesco Maroncelli trovò nella sua Claudine una compagna amorevole degli ultimi anni di vita.

Mes prisons, suivi Des devoirs des hommes; traduction nouvelle, par le comte H. de Messey, revue par le vicomte Alban de Villeneuve, avec notice biographique et littéraire sur Silvio Pellico et des ouvrages, par M. V. Philipon de La Madelaine. Paris, Delloye, Garnier frères, 1844. Grand in-8, demi-maroquin bleu avec coins, dos lisse orné de rinceaux dorés et de petites arabesques orangées, tranches dorées (Ch. Septier). Illustration gravée sur bois et sur acier d'après Daubigny, Steinheil et Gérard Séguin, contenant un portrait de l'auteur, un titre gravé et 74 vignettes dans le texte. Premier tirage. Exemplaire monté sur onglets, auquel on a ajouté le premier plat de la très rare couverture, une lettre autographe signée de l'auteur adressée au comte de Branges, datée du 31 décembre 1843 (2 pages in-8), et un billet signé de Pietro Maroncelli, ancien compagnon de cellule de Pellico. De la bibliothèque André Villet, avec son ex-libris.

http://www.binocheetgiquello.com/html/fiche.jsp?id=5095697
&np=1&lng=fr&npp=10000&ordre=&aff=&sold=&r=

UNA DETTAGLIATA BIOGRAFIA DI PIERO MARONCELLI TRATTA DA:
http://www.marcopolovr.it/risorgimento/protagonisti/patri oti/maroncelli.htm

Pietro Maroncelli (Forlì, 21 settembre 1795 – New York, 1 agosto 1846) è stato un patriota, musicista e scrittore italiano, noto per essere stato compagno di prigionia di Silvio Pellico.

L'arresto di Silvio Pellico e Piero Maroncelli

Studiò musica a Napoli. Nel 1813, fu espulso dal Conservatorio Musicale di Napoli, dove ebbe come condiscepolo Gaetano Donizetti e come Maestro Giovanni Paisiello, per aver fondato una società segreta detta della "Colonna Armonica". A Roma venne dichiarato "eretico e sedizioso", e scontò un anno di carcere nelle tetre segrete di Castel Sant'Angelo per un "Inno a S. Jacopo". Partecipò attivamente alla Carboneria e per questo fu imprigionato nel 1817 a Forlì. Passò a Milano, dove conobbe Silvio Pellico, e dove partecipò alle attività carbonare, nella setta dei "Federati" assieme a Silvio Pellico e altri. A Milano svolse l'attività di musicista, collaborando a scrivere anche musiche per rappresentazioni teatrali. Conobbe così la famiglia di teatranti più importante dell'Ottocento: i Marchionni, intrecciando una delicata storia d'amore con una delle sorelle Marchionni. Fu arrestato, per sua stessa leggerezza nel lasciare documenti compromettenti alla mercé degli investigatori austriaci, nel 1820 con Silvio Pellico. Entrambi furono sottoposti a processo, dai cui Atti si evince che Maroncelli cedette agli stringenti interrogatori degli inquirenti rivelando particolari cruciali sull'organizzazione carbonara e rivestendo così un ruolo quasi da pentito. Maroncelli e Pellico furono comunque condannati a morte. La pena per Maroncelli fu però commutata, a pochi istanti dall'esecuzione capitale allestita in Piazza San Marco a Venezia, in 20 anni di carcere duro, da scontarsi nella fortezza dello Spielberg a Brno in Moravia. La stessa sorte subì il Pellico, la cui pena venne commutata in 15 anni. Il 10 aprile 1822 i due amici entrarono allo Spielberg e ne uscirono il 1º agosto 1830. Allo Spielberg gli fu amputata una gamba. L'episodio è descritto con vivida commozione in un capitolo de "Le mie prigioni". Maroncelli fu graziato nel 1830. Nel 1832 andò esule a Parigi, dove pubblicò le Addizioni, una sorta di sue aggiunte personali a Le mie prigioni del Pellico. A Parigi aderì al socialismo utopistico di Charles Fourier.

Nel 1833 si recò a New York, insieme alla moglie, Amalia Schneider, cantante lirica tedesca sposata a Parigi, su invito del grande e ormai anziano librettista di Mozart Lorenzo Da Ponte, che aveva fondato il primo Teatro d'Opera d'America e cercava musicisti da coinvolgere nella nuova avventura. A New York Piero insegnò musica, seguendo occasionalmente la moglie in alcune tournées, ma fu nel complesso sfortunato. Cercò anche di diffondere le idee socialiste utopistiche del Fourier. Suo grande amico di quegli ultimi anni fu Edgar Allan Poe.

Morì nel 1846 in condizioni economiche disagiate, cieco e con segni di squilibrio mentale, triste eredità di un'antica malattia, forse la sifilide, contratta ai tempi degli studi musicali napoletani.[121] Fu sepolto nel cimitero di Greenwood a New York. Alla sua morte andò colpevolmente dispersa la sua vasta biblioteca personale, a quei tempi considerata la maggiore di New York.

Nel 1886 ci fu il ritorno dei suoi resti in patria, a Forlì, con tardive celebrazioni.

---

[121] I più recenti biografi di Maroncelli ritengono errata la notizia data da Felice Foresti ex detenuto dello Spielberg ed esule negli Stati Uniti della pazzia di Maroncelli dovuta alla sifilide e credono piuttosto che Maroncelli sia morto per le complicazioni dell'artrite di cui già soffriva all'epoca della detenzione. Già nel 1958 nella sua dettagliata biografia Angeline Lograsso aveva scritto: "i rapporti ufficiali austriaci hanno dimostrato che il Maroncelli era affetto da osteo-artrite tubercolare." E infatti questa diagnosi è presente anche in un rapporto citato da Domenico Chiattone nelle sua edizione de Le mie prigioni, arricchita da note esplicative basate sui documenti conservati nell'archivio dello Spielberg.